Le vrai Growth Hacking

La méthode EAGLE®.

Acquérir une culture Growth Hacking

pour toutes les entreprises, en 10 semaines.

5ème édition

David Van Laecke

A Sean Ellis, mon mentor.

Copyright © 2021 Van Laecke David

Tous droits réservés.

L'AUTEUR

Bienvenue à tous !

Et Merci de me faire confiance sur le simple fait de ma réputation et/ou de ma 4ème de couverture… ce qui dénote une prise de risque de votre part, que j'apprécie !

Ce livre vous devrez le considérer comme un livre d'actions et pas de branlage de Mammouth[1]. Beaucoup trop de lecteurs de bouquins *corporate* s'instruisent sur la théorie sans jamais mettre en application ce qu'ils apprennent.

Stop aux consuméristes, vive les Hommes d'action !

Agir en homme de pensées et penser en homme d'action.

A ce titre, l'écriture de ce livre n'est pas celle d'un mémoire de fac théorique et poncif. Lisez-le comme une conférence, une discussion que nous aurions ensemble. Dans le style comme dans votre ressenti.

---

[1] Ancien des Forces Spéciales, j'ai quelques expressions militaires très grivoises qui me sont restées. Veuillez me pardonner.

Qui suis-je ?

Je suis David Van Laecke.

Entrepreneur libéré (15 entreprises libérées entre la France et les USA). 15 minutes par semaine de gestion.

Grand acteur du Growth Hacking aux USA et en France. Dans l'industrie, comme dans les services. Pour des entrepreneurs individuels comme des grands groupes. J'ai notamment amené une start-up française de la 96ème place mondiale à la 6ème en 2 ans, avec 5 commandos hackers, en Californie.

Formé à Seattle, chez Amazon, pour comprendre les subtilités des *Market Place*, j'ai eu la chance de suivre aussi les formations de Sean Ellis, invité alors comme Guest Star. C'est l'inventeur de la méthode en 2010, chez Dropbox.

Je suis aussi :

. Aventurier (Premier au monde avec mon épouse à avoir randonné les 5 000 hikes des 63 National Park US en 5 ans). Et depuis juin 2021, nous laissons nos empreintes de pas sur l'herbe des 15 000 randonnées des 399 National

Parks européens… Objectif, en 20 ans.

Pour nous rencontrer : Venez dans notre Hôtel-restaurant L'Orée du Vercors, au cœur de la Drôme et du Vercors.

. Ecrivain de 'L'enfant du Dehors', roman philosophique et biographique.

. Philosophe, au sens où je vis ma vie de philosophe. Je ne discours pas dessus, dans des amphis.

« Il est vain de s'asseoir pour écrire. Quand on ne s'est jamais levé pour vivre. » H.D. Thoreau.

Et je suis le créateur des **COMPAGNONS IT**. Une franchise, 'société à mission' (Loi Pacte), avec un fort partage des valeurs.

IT pour *Incentive, Incredible, Intrusive, Informatique & Intelligent technologies*.

- Accompagnement d'entreprise, conseils, conférences et coaching en **Growth Hacking**, avec l'aide d'une forte communauté d'experts reconnus.

https://growthhackingacademy.fr/

https://www.linkedin.com/in/david-van-laecke/

NOS PARTENAIRES

Cyril Marcq, notre expert et spécialiste en *Digital Marketing*, au sein des Compagnons. Accompagnement en *Brand & Content Marketing*.

Trouver des compétences en Growth Hacking demande une vraie expertise. Appelez Rodolphe CHAPON.

Xavier Petitpez, Formateur pour Formateur Innovant.

Vous animez des webinaires / live / e -Learning et vous voulez monter en compétences ? Expert des Outils Digitaux au Service d'une Pédagogie Innovante & Créateur de la méthode LION

« Méphisto : *Au commencement était le Verbe ?*

Faust *: Non, au commencement, c'était l'Action.* », **Goethe.**

INTRODUCTION

Ce livre est très fourni en outils, explications, concepts, anglicismes… A la fin vous risquez de vous dire : « Le Growth hacking c'est pas pour mon entreprise ! » Le travail semble gigantesque. Rassurez- vous. Cela ne l'est pas.

. Dis papa, c'est quoi le Growth Hacking ?

C'est simple ! En deux mots… Bon, OK, en plusieurs mots !

C'est une **méthode rigoureuse** (rigorous approach) de **croissance stratégique, globale et qualitative** qui regroupe en mode **commando** et **expérimentations (high speed and cross-functionnal)** tout le spectre des stratégies d'une entreprise. (Stratégie commerciale, marketing, communication, produits, technique digitale, data analyse…) afin d'acquérir des nouveaux clients, les garder, créer du revenu et les transformer en ambassadeurs. Mais aussi de gagner 1 à 2 jours de travail par semaine. D'optimiser vos outils et votre productivité. D'obtenir une stratégie globale de la réussite pour 5 ans. Et d'alléger votre esprit d'entrepreneur.

. Nous utilisons de nombreux outils pratiques comme la RX, **Roue eXpérimentale®, au sein de la méthode EAGLE®. Notre concept a été éprouvé auprès d'une centaine d'entreprises francophones et outre-Atlantique.**

Ellis Approach Global and Legion Exigency

Legion Exigency **parce qu'elle est :**

CBL (Carré, Béton et Légion).

Elle demande rigueur et discipline pour ce qui est du cadre et des outils mais avec une participation créative, folle, imaginative… des membres de l'équipe au moment de l'idéation.

Les qualités requises sont : l'agilité, le recul, la rapidité d'esprit, la volonté d'expérimenter des idées nouvelles et l'analyse des datas.

Pour Ross Davies[2], c'est un voyage *"can be tracked, tweaked and tested"*[3].

Le Growth Hacking est un plan de bataille afin de construire votre **cathédrale** de la **réussite**. Les membres des équipes de GH sont comme des Compagnons du Devoir : Des artisans du travail bien fait, dans des temps rapides.

---

[2] "The paper plan plan", édition Amazon. Le Meilleur ouvrage de GH pour les entreprises de services qui vendent du temps Homme plus que du produit.
[3] Suivi, peaufiné et testé.

SEAN ELLIS

Inventé par l'entrepreneur et investisseur **Sean Ellis** en 2010, pour Drop Box, le terme désigne une **méthode** orientée croissance rapide d'une entreprise, d'un produit ou service ou simplement pour redynamiser des équipes[4], par la mise en entonnoir de nouveaux clients. De l'attention à l'ambassadeur, l'entonnoir utilise le 3A3R. (voir plus loin). Ou Jack Sparrow moment : AAARRR !!!!

Sean Ellis insiste bien sur le fait que le GH est fait pour tous et toutes les entreprises, quel que soit la taille et l'activité.

Page 114 de son livre : « *[...] les chaînes de magasin (a large brick-and-mortar grocery retail chain), mais soyons très claires, la méthode fonctionne aussi quel que soit l'équipe et l'entreprise – grande et petite – quel que soit le produit et le projet*

---

[4] Le GH a même été utilisé par l'équipe de football de l'Université Baylor, qui avait des difficultés depuis plusieurs années. Leur nouvel entraîneur, Art Briles, a intégré le GH. Qui a permis à l'équipe d'en apprendre plus en moins de temps que les autres équipes.

– *des applications de logiciels, au e-commerce, divertissement, BTB, business de services comme de produits, comme pour un simple blog, une pub ou une campagne de public relation.*"

Page 152: " *Par exemple pour le BTB, vous aurez toujours besoin d'inclure vos équipes de commerciaux et vos process pour attirer l'attention, des présences aux salons, où vos équipes rencontrerons les prospect et une stratégie de content marketing.*"

Il dit aussi : « *Je ne suis pas non plus un grand fan du terme «growth hack »et rien ne me rend plus fou que lorsque quelqu'un me demande de leur donner un tuyau de hack sans aucun contexte **sur les défis et les opportunités de leur entreprise**.* »

« *En Europe, le GH n'est souvent qu'un synonyme de marketing. Mais dans la Silicon Valley, il s'agit d'une **méthode beaucoup plus globale**.* » Sean Ellis, dans un commentaire LinkedIn.

« *Cette formidable communauté de GH inclus des entrepreneurs, des marketeurs, des ingénieurs, des managers de production, des pros de la Data et beaucoup d'autres, **pas seulement du monde des start-up mais aussi de l'industrie, des technologies, du BTB, des magasins, des professionnels de services, du divertissement et même du monde politique**.*", Sean Ellis.

Le mot 'hack' est utilisé parce que les tactiques impliquées reposent souvent sur un mélange de créativité, d'application technique et d'une approche de « guérilla » à petit budget. Il faut y voir plus une notion de *tips*, d'astuces que de piratage.

Il s'agit bien d'une METHODE et pas d'un dogme ou d'une vérité absolue. Il existe une stratégie différente pour chaque entreprise selon le triptyque : activité/team/vision. Une méthode…

mais des solutions personnalisées.

Les entreprises sont des systèmes organiques. C'est du vivant. Et comme tout vivant, elles bougent et meurent. Il existe donc autant de stratégies GH qu'il existe d'entreprises, d'entrepreneurs et d'équipes.

Une mode marketing de plus ?

Voilà la réponse de Sean Ellis, à cette question posée lors d'une de mes formations :

« *[...]Les Growth hackers essaient de maximiser les différents leviers possibles. Ils le font en tentant de comprendre comment chaque levier fonctionne et en le testant de manière efficace. Cela demande des recherches de qualité, un suivi sans faille et un process d'expérimentation éprouvé dans tout le spectre de la stratégie. Loin de l'unique stratégie marketing.* »

Définitivement le GH en Europe est recalé au Marketing, à la data analyse et au SEO. NON et encore NON !

Ce livre est l'homéopathie dont vous avez besoin pour sortir de ce cercle infernal de l'unique marketing.

La méthode est plus vaste et globale.

Il devrait être remboursé par la sécu !

Qui pour faire du GH ?

Si l'on veut appliquer cette méthode, il faut ensuite trouver les compétences. Dans un marché du travail, tendu comme aux USA, il faut faire attention à pouvoir recruter. Avec 3% de chômage, c'est vos salariés qui partent, pas vous qui les virez.

Quant à la France, focus seulement sur le marketing digital et le SEO, les commandos sont rares à posséder 20% des compétences globales, de chaque bulle de la RX, roue expérimentale.

Et je ne parle pas des pseudos formations accès seulement sur 1/4 des bulles de la GH.

Au sein de la Growth Hacking Academy, nous vous formons du global à la technicité la plus pointu en GH.

Mes commandos et son leader

Mes équipes de 'Growth Hacking' je les appelle : **'Commandos'**. J'ai utilisé toutes les techniques apprises comme Officier commando de montagne et troupes de Marines (*Navy Seals* et TDM France), pour parfaire notre méthode.

Les premières équipes au monde apparaissent en 2010. Facebook crée son équipe de 5: Le *Growth Circle*. Il sera suivi de LinkedIn, Yelp, Dropbox, Groupon, Ebay…

Pour le patron des commandos, celui qui assure le suivi du projet, Sean Ellis parle de « ***Battalion commander*** *qui as les pieds dans le sol, qui manage ses Hommes tout en participant activement à la génération d'idées et au process d'expérimentation.* »

L'une des principales responsabilités du leader de GH est de choisir les principaux domaines d'intervention et les objectifs. Il doit également s'assurer que les paramètres, que l'équipe a choisi de mesurer, et le travail à améliorer sont adaptés aux objectifs de croissance établie.

En Afghanistan, mes missions commando m'ont permis de comparer l'armée régulière, que l'on comparera à l'armée de généraux mexicains des états-majors de nos entreprises et mes commandos. Ces derniers faisaient un travail chirurgical sans dommages collatéraux… Les autres…c'était l'horreur.

Les commandos sont : Un mélange **d'autorité** (L'organisation ne souffre d'aucun dérapage), de **flexibilité** (capacité d'adaptation au marché et **d'agilité**), de *drill* (Compétences, expériences & exercices répétés et répétés et répétés encore et encore…) et de folies (expérimenter, tenter, oser…).

*"Growth hacking est un travail d'équipe, les plus grands succès viennent **d'équipes trans-fonctionnelles**. […] Elles devraient rassembler le staff qui possède une profonde connaissance des stratégies et des objectifs, les patrons de la data analyse, les ingénieurs en design produits, capable de changer les fonctionnalités, les marketeurs et ceux qui vont expérimenter et conduire les programmes de tests »*

La Growth teams peut être très petite comme être composé de plusieurs centaine.", Sean Ellis.

Il précise aussi que la team doit posséder une grande connaissance et analyse du terrain. Ils doivent savoir répondre à ces questions :

Comment se comportent les meilleurs clients ?

Qu'est-ce qu'ils achètent ?

Quand achètent-ils ?

Combien dépensent-ils ?

Quelles sont les caractéristiques de ces clients ?

Quel est leur profil ?

Où vivent-ils ?

Utilisent-ils les produits des concurrents ?

Qu'est-ce qui empêche le client d'utiliser le produit ou service ?

Où est le taux d'abandon le plus élevé ?

Y a-t-il quelque chose qui empêche l'interaction des utilisateurs ?

Quelle est la relation entre les clients qui achètent et ceux qui abandonnent?

Le processus de closing est-il maitrisé et analysé ?

« *Il n'y a aucune beauté dans le plus jolie des tissus, s'il apporte la faim et le malheur.* », **Gandhi**.

LA MÉTHODE GLOBALE

Si vous suivez scrupuleusement ce programme avec la méthode EAGLE® nul doute que vous serez en capacité de doubler vos suspects, prospects et clients. Gagner du temps de travail, avoir l'esprit plus léger…

Arriverez-vous à suivre en production ? Une question de riche me direz-vous ? Je vous conseille vivement de vous la poser maintenant.

Prenons par exemple la gestion Growth Hacking des vaccins anti-COVID aux USA.

En mars, Trump convoque tous les patrons des grands labos.

Deux disent qu'ils ont peut-être quelque chose : Moderna et Pfizer.

Trump prend le risque **d'expérimenter** avec ces deux **Channels**.

Il met en place immédiatement et en parallèle un **plan de bataille de fabrication** des 240 composants de chaque vaccin sur le territoire US. Fin juillet les usines sont opérationnelles.

Entre temps, il a fait réquisitionner l'armée et mis sa **logistique** en place dans les immenses stades de football américain.

La partie était gagnée déjà fin juillet. En Europe, le Oui à Moderna et Pfizer a eu lieu… en Novembre, sans politique de fabrication sur place… CQFD !

EAGLE®

Ellis Approach Global with Legion Exigency.

Cette méthode est bien celle globale de Sean Ellis. Elle prend en compte toutes les parties prenantes de l'entreprise (Actionnaires, collaborateurs, fournisseurs, financeurs…).

Elle fait tomber aussi les silos des différentes directions en ne générant qu'une seule stratégie globale, cohérente entre elle. Par la création d'un socle unique à votre entreprise.

Elle est exigeante dans ses outils mais éclectique dans son approche. Comme à la Légion.

Déjà 7 experts en France ont été formé par la GrowthHackingAcademy.

Ils sont capables aujourd'hui de vous accompagner de la vision à la transformation des clients en ambassadeurs.

Nous sommes QUALIOPI, est donc cet accompagnement est pris en compte par votre OPCO.

La stratégie de la réussite

> « *Chaque bonne réalisation, grande ou petite, connaît ses périodes de corvées et de triomphes ; un début, un combat et une victoire.* », **Gandhi**.

La stratégie de la réussite sera votre fil conducteur qui va vous permettre de passer en revue toute la stratégie de Growth Hacking.

Nous utiliserons à la fois des méthodes « **tactiques** » et « **durables** » de guerre à la Sun Tzu[5], focus sur des objectifs généraux à long terme de croissance et de maintien de la clientèle d'une entreprise. Et des décisions alimentées par un désir de croissance immédiate pour acquérir très **rapidement** de la clientèle.

Le schéma ci-après vous montre toute la suite logique de la stratégie de la réussite. L'acquisition de la culture Growth Hacking est un travail de long terme. Cependant la méthode EAGLE® vous permettra de maîtriser en 10 semaines[6] les pierres fondatrices de celle-ci.

Le préalable à l'étude des stratégies est LE CLIENT.

Nous devons être capables de nous dire :

Now I know who want to work with us.

Et pas *You think you know.*

---

[5] « De la Guerre. »
[6] A condition de bosser dure. Sinon prévoir 6 mois.

A qui je vends ? Reviens à répondre à cet ensemble de questions :

- *Où ?*
- *Secteur d'activité ?*
- *Taille des clients ?*
- *Staff du client ?*
- *Qui cibler dans l'entreprise ?*
- *Pourquoi travaillera-t-il avec moi ?*

Le plus difficile dans cette dernière question est de se détacher de son produit et de son entreprise.

J'entends encore trop d'entrepreneurs parler de leur bébé ou de leur enfant quand ils parlent de leur boîte. Je plains véritablement leurs fils et filles.

Tous les grands groupes américains d'aujourd'hui étaient détachés de leurs produits ou services. Et heureusement parce que tous s'étaient plantés au départ sur leur concept. Voir plus loin : Twitter, FB, YouTube, Groupon... Sans ce recul nécessaire ils seraient restés dans la droite ligne de l'émotion et de la passion et pas de l'analyse DATA, et n'existeraient plus aujourd'hui.

Et c'est un artiste *ennéatype* 4[7] qui vous le dit.

---

[7] Le quatrième profil de l'ennéagramme est « l'artiste ». Sensible à l'art et à l'esthétisme, « l'artiste » apprécie les choses originales, voire marginales. La passion amoureuse et l'émotion sont au centre de sa vie. La personnalité artiste aime créer et exprimer ses émotions. Elle souhaite se sentir différente des autres et cultive cette différence, quitte à s'isoler.

SEMAINE 1 : La stratégie de la réussite

On commence par un interview avec le chef d'entreprise sur les différentes stratégies mises en place, leur formalisation et le partage aux parties prenantes de l'entreprise.

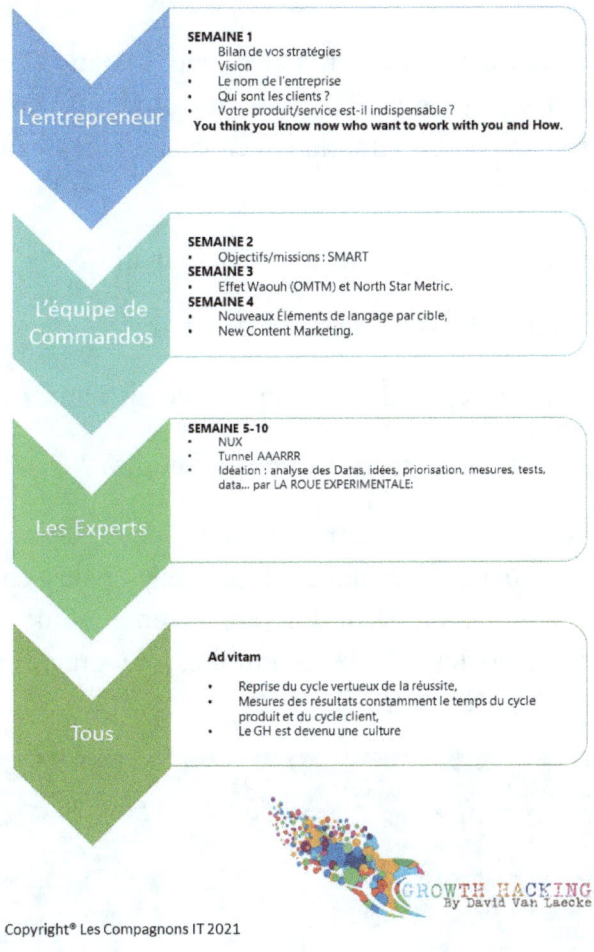

La vision

> *"Les Français, où qu'ils le cherchent, ont besoin de merveilleux."*, De Gaulle.

Tout commence par un **CAP**, une **Vision**. C'est elle qui déterminera la **stratégie** globale, puis les **objectifs**. On parle bien de vision, trop souvent confondue avec la stratégie, les missions et les objectifs. La vision c'est :

Pourquoi un entrepreneur se lève le matin ?

Qu'a-t-il au fond des tripes ?

Pourquoi accepter d'affronter tant de difficultés ?

Quelle est son in-tention (tension interne) ?

La vision n'est définitivement pas : Faire 30% de croissance de marge annuelle. Mais elle peut être devenir millionnaire à 30 ans ou partir à 50 ans comme moine bouddhiste. Mes clients me parlent de leurs familles, de grands projets, de reconnaissance, de rêves…

Dans un premier temps, l'entrepreneur formalise et communique auprès de toutes les parties prenantes de l'entreprise SA VISION. L'idéal étant d'avoir une vision partagée au minimum par ses équipes. Ce qui est le cas dans mes entreprises libérées. La Vision est 100% celle des collaborateurs.

Ils ont été coachés individuellement pendant un an, en travaillant sur leurs idées du : travail, de l'entreprise, de leur place dans la société, et dans mes sociétés, de leurs ambitions… Puis collectivement ce qui as permis par exemple sur une des entreprises du groupe d'avoir cette vision :

« *La PASSION DU METIER (technique, à la pointe…) et le PARTAGE DES MEMES VALEURS (exigence, respect, éthique), permettent de CONJUGUER NOS TALENTS, dans un climat CONVIVIAL ET DE CONFIANCE, sur des PROJETS SUIVIS DE A à Z EN TOTAL AUTONOMIE, avec la FIERTE de la REUSSITE, afin de SATISFAIRE NOS CLIENTS, et de nous procurer un ENRICHISSEMENT FINANCIER ET INTELLECTUEL, par leur RECONNAISSANCE et celle de la direction.* ».

Cette vision collective est arrivée bien après Ma vision, au sein de mes premières entreprises :

« *Transformer en entreprise libérée toutes mes structures et partir 5 ans faire les 5 000 randonnées des 63 National Parks US.* »

Pour cela différentes stratégies ont été mises en place : *Investor business* pour le VISA, stratégie des enfants et de la famille… et stratégie de mes entreprises en France… Qui s'est traduite pour le business, par une stratégie GH.

Je me suis fixé comme objectif un salaire mensuel minimum au sein de mon groupe et faire la conduite du changement en 4 ans auprès de mes collaborateurs. Le Growth Hacking n'étant qu'une de ces stratégies au sein d'un ensemble plus vaste, mais interdépendant. La réussite de chacune conditionnant la réussite de la vision.

L'Etat-major, la gouvernance ou l'entrepreneur doivent formaliser et communiquer la vision, puis les stratégies qui en découlent à court terme, moyen terme et long terme. Et enfin les objectifs globaux mesurables.

Deux choix s'offrent alors à vous : Envoyer l'infanterie lourde (l'armée de directeurs marketing, communication, commercial, produit...) et couteuse et/ou des commandos pluridisciplinaires. Sean appelle les premiers le *traditional business silos* vs une équipe pluridisciplinaire et collaborative de GH.

Dans les TPE/PME, trop souvent, les stratégies et les actions se font à tâtons, au doigt mouillé, au gré de la couleur du ciel, des rencontres dans les clubs business, des conférences et des modes. A cela s'ajoute que l'entrepreneur, dans les TPE/PME, fait souvent office de directeur commercial, marketing et communication... sans ajouter DAF, Chef de la production, DRH... et vache à lait en France. Attention le *burn out* est proche ! Ou tout simplement se prendre pour Dieu.

Le moment de la recherche de la vision est un moment intime, qui se solde très souvent par un déferlement d'émotions pour l'entrepreneur accompagné.

J'ai souvent pu constater que dans les grands groupes chaque directeur se comporte comme un chef de village sans qu'aucune communication et interaction n'existe entre les services. Un comportement en silo.

Alors que la méthode de GH est faite pour canaliser, organiser et optimiser son temps par des expérimentations réfléchies et mesurées... **Tous ensemble !**

Les commandos GH mettent en plan la stratégie et les objectifs : Ils élaborent les **missions**. Ils les analysent. Et déterminent un plan d'attaque (Sans plan B). L'objectif étant d'élaborer une **stratégie de la réussite** et pas un hypothétique échec. (Même si l'échec est accepté).

L'équipe se réunit alors autour d'une table et élabore le plan autour de la RX. (voir plus loin)

> « *Il n'y a qu'une chose à faire, se refaire, mais ce n'est pas si simple.* » **Paul Valery**.

Votre nom

Certains entrepreneurs mettent encore leur nom de famille comme enseigne... Dans un monde de business, où le temps d'acceptation de l'attention pour obtenir une émotion est passé de 20 secondes en 2000 à 8 secondes en 2022. Nous nous devons d'avoir un nom qui raconte déjà nos produits et nos services... sauf à s'appeler Rothschild.

Les Compagnons IT n'a pas le même imaginaire que les *Experts en Informatique* ou la *SARL David Van Laecke* ou *David Van Laecke IT* !

Essayer plusieurs noms.

Checher sur le web s'ils existent déjà.

Réserver les noms de domaine.

Proposer les à votre entourage et aux parties prenantes de l'entreprise.

Combiner les avec vos clients types et votre vision.

Et n'oubliez pas que vous pourrez toujours y appliquer un fort *Branding Marketing*. *EasyJet* n'est pas devenue symbole du vol pas cher juste par son nom. La communication ciblée a fabriqué le devenir du nom.

Dans l'hypothèse où votre nom est déjà réputé...Alors gardez-le ! Nous changerons si besoin votre punchline.

Votre produit/service indispensable ?

Quand je demande en conférence, *Qu'est-ce qui rend votre produit/service indispensable ?*, tous me répondent:

- *Parce qu'on est les meilleurs*

- *Nos équipes sont des experts dans leurs domaines*

- *Nos produits ne sont pas chers et ce sont les meilleurs du marché*

- *Parce que nous sommes rapides*

- *Parce que le client est au cœur de l'organisation…*

Bref ! Tout ce que leurs concurrents racontent à longueur de journée.

Vous devez être le plus froid et détaché de vos produits et services et ne pas réfléchir 'à la place' de vos clients. Ces réponses c'est vous et vos équipes qui les faites. Pas vos clients ! Combien demandent régulièrement à leurs clients : *Pourquoi nous ?*

" *L'une des règles cardinales du Growth Hacking est que vous ne devez pas passer à l'expérimentation GH à rythme rapide tant que vous n'êtes pas convaincus de votre* **produit.** *Est-il indispensable auprès des clients ? Pourquoi l'est-il ? Et pour qui l'est-il ? En d'autres termes, quelle est* **sa valeur fondamentale, pour quels clients et pourquoi ?**", Sean Ellis.

3 questions vitales pour votre avenir :

- *Sa valeur fondamentale ? Votre avantage concurrentiel ? Votre singularité ?*
- *Pour qui ? Vos cibles ?*
- *Et pourquoi ? Que disent vos clients… et pas vous ?*

Le monde vivra très bien sans votre entreprise et vos produits. La nature ayant horreur du vide, s'il est indispensable, alors il sera créé par quelqu'un d'autre.

. Demandez-vous quel est la valeur fondamentale de votre produit ou service ?

Le principal élément de réponse vous ne le trouverez pas au sein de votre structure, dans votre cerveau, chez vos marketeurs… Mais dehors, chez vos clients par l'effet WAOUH. (Triggers of AHA, aux USA).

Toutes les grandes entreprises web se sont plantées sur leur produit. C'est en étudiant l'effet Waouh du client qu'elles ont changé complétement leur stratégie produit. Elles se sont toutes basées au départ sur les analyses marché du pôle marketing. Et, à cause de cela, ont faillis toutes fermer.

Pour les start-ups, sans client au début, l'analyse de leurs comportements est un exercice extrêmement difficile. Faite appelle alors à un ami, comme Jean Pierre Foucault, vos familles, vos salariés, votre expert-comptable ou avocat d'affaires, votre boulanger ou boucher, les analyses du marché… Il sera bien temps de corriger une fois les premiers clients signés.

C'est bien vos clients qui doivent dire en quoi vous êtes indispensable et surement pas vous ! Vous ne cherchez plus des analyses sociologiques ou psychologiques d'un marché potentiel…

mais bien les *Triggers of AHA*, c'est-à-dire les déclencheurs d'effet WAOUH. L'émotion (prix, sympathie, confiance, technicité, produit, beauté…) qui as fait déclncher l'acte d'achat.

Les stratégies devront découler de ce retour. Je ne vais surement pas vous parler dans ce livre des stratégies produits, marketing, communication, commerciale, data… Il existe depuis 100 ans des milliers de livres à ce sujet… Tous essayant de démontrer que les stratégies en Silo fonctionnent à merveille.

Ce livre sera intégralement basé sur la stratégie de Growth Hacking globale. Fini les silos. Les bureaux séparés. Les directeurs dans leur pré carré qui laissent passer le train de la réussite collective.

Directeurs marketing, commerciaux…Vos jours sont comptés ! Préparez votre reconversion…Oui je sais… La vie est dure, je le dis tous les jours à mes enfants !

Venez-vous former à la GrowthHackingAcademy ![8]

---

[8] Growthhackingacademy.fr

Une fois le travail fait la première semaine avec l'entrepreneur c'est au tour de l'équipe de commandos. Il peut s'agir d'une petite équipe au sein d'une PME/ETI ou simplement de l'accompagnateur et de l'entrepreneur dans les TPE.

SEMAINE 2 : Objectif et mission

A chaque demande de ma part sur la vision de l'entrepreneur, j'ai le droit aux objectifs, aux missions quand la personne ne se perd pas dans son explication technique du produit. C'est le cas chez les passionnés qui doivent dormir avec leurs produits la nuit.

La vision est globale et les objectifs sont les mesures des stratégies. Les missions, les moyens d'atteindre ces objectifs.

Un objectif doit être SMARTED.

S – Spécifique

M – Mesurable

A – orienté Action

R – orienté Résultat

T – orienté Temps

E – orienté Environnement

D – Dépendre de vous seul

Et ces derniers ne doivent pas toujours être de la croissance, du CA, des millions de dollars… Ils peuvent aussi être des objectifs de valeurs, des objectifs humains, environnementaux, sociétaux, sociaux…

Les objectifs à ce stade sont ceux très globaux de la vision : temps, moyens humains, perception…

> Voici des **objectifs** des Compagnons IT :
>
> . Atteindre 50 compagnons de qualité à 5 ans par la valeur de l'exemple et l'inspiration.
>
> . 100% des Compagnons doivent avoir grandi selon leurs critères propres en 2 ans.
>
> . 100% des compagnons doivent avoir atteint leurs objectifs financiers en 3 ans.
>
> . Dans les 6 mois, un nouveau site web responsive avec un SEO 100% actif.
>
> . Générer par le GH, 10 nouveaux clients/semaine…

Attention.

Ne pas confondre les missions issues des stratégies, avec les 'Sociétés à Mission' de la loi Pacte. Les Compagnons IT sont une Société à Mission. Dans les statuts en lettre d'or est écrit un chapitre :

« La société a aussi pour raison d'être de s'inscrire comme "Société à Mission";

Sa raison d'être est : Partageons nos valeurs !

Ainsi, elle s'engage à prendre en compte les impacts sociaux, sociétaux et environnementaux de ses activités dans le cadre de la loi Pacte avec l'intégralité des parties prenantes de son entreprise (Clients, fournisseurs, Compagnons, actionnaires, société environnante, collaborateurs…)

La finalité est de concilier la recherche de la performance économique avec la contribution à l'intérêt général.

Les objectifs précis des missions seront édictés chaque année en Assemblée Générale et un comité de volontaires sera chargé de suivre la bonne exécution de ces dernières, en plus de l'évaluation de l'organisme tiers indépendant (OTI).

Comme objectif global il y aura un souci constant de réduire l'empreinte carbone, de partager les richesses entre collaborateurs et actionnaires, d'inciter les Compagnons à faire de même, de demander aux fournisseurs de rendre des comptes dans ces domaines et aux actionnaires de diffuser largement nos valeurs.

La Franchise poussera aussi tous les Compagnons à devenir aussi Société à Mission et de les aider dans ce sens. »

Les réunions. Petit aparté.

> « *Chacun a raison de son propre point de vue, mais il n'est pas impossible que tout le monde ait tort.* », **Gandhi**.

A ce stade nous nous devons de faire un point sur la conduite de réunion.

Je suis un anti réunionite aigue. Cependant en GH, ces dernières doivent avoir lieu très régulièrement. Même si elles ne durent que 15 minutes. Le max étant une heure.

N'oublions pas que la capacité d'écoute d'un Homme normalement constitué, est de 15 minutes et qu'il ne peut retenir que 3 choses.

Elles doivent être hypers organisées et préparées en amont, afin d'aller Droit Au But. (Pour nos amis Marseillais)

Le Brainstorming[9] d'idées doit être libre et ne fait pas l'objet de ces réunions hebdomadaires. Il aura eu lieu selon les envies de chacun : individuel, en groupe, par affinité, par métier, au déjeuner, chez soi, en courant, en marchant… en roulant (c'est 38% des idées qui arrivent en voiture) … en…je vous laisse à vos autres considérations.

Voici un exemple de réunion d'idéation (1 des process de la méthode EAGLE):

15 Minutes : On passe en revue les résultats de la semaine précédente, notamment les *métrics* de la *North Star*. Puis les *Keys*

---

[9] On n'impose pas la recherche d'idées en un temps limité en convoquant tout le monde autour d'une table.

positives & negatives factors.; Et enfin le *GROWTH FOCUS AREA*: Il peut être le même et si on change on explique avant les tenants et les aboutissants.

10 Minutes : Parler des tests de la semaine précédente. Sommes-nous dans le bon TEMPO ?

15 Minutes : On entre dans le détail de la DATA ANALYSE des tests.

15 Minutes : les prochains tests sélectionnés.

5 Minutes : Check les idées encore dans le pipeline des tests.

« *Il avait découvert à son insu l'une des grandes lois qui font agir les hommes, à savoir qu'il suffit de leur faire croire qu'une chose est difficile à obtenir pour allumer leur convoitise.* », **Tom Sawyer**.

SEMAINE 3 : Waouh, la belle étoile !

"Il n'y a de réussite qu'à partir de la vérité.", **De Gaulle**.

Les plantages célèbres des visions, produites uniquement dans la tête des fondateurs, sont liés la plupart du temps au décalage énorme entre les éléments de langage de départ et ceux des clients (sans la mesure des effets Waouh).

Chez **Dropbox**, par exemple, 40% des clients n'étaient pas satisfaits de l'expérience produit. Seulement 30% le recommandaient. L'effet WAOUH a été trouvé quand ils ont commencé à distribuer gratuitement des Giga octets quand un filleul était signé grâce à vous. Dropbox n'aurait jamais décollé sans cette campagne. L'effet Waouh n'était pas dans le produit en lui-même mais dans **l'update gratuit** d'une partie du produit. Parler du produit et des serveurs sécurisés ne suffisait pas.

Yelp : Au départ, il s'agissait d'un site de conseil entre amis. Le site vivotait sans connaître le monopole US d'aujourd'hui. L'analyse des datas a révélé que l'effet Waouh était dans les **Reviews** laissées par les membres. C'est la transformation d'une personne lambda en critique et juge culinaire qui plaisait dans le produit et pas le conseil entre amis. Ils ont alors accentué le site sur les reviews.

Il a fallu 5 ans à **Facebook** pour découvrir que les clients aimaient **partager des photos**. L'effet Waouh était procuré par le partage de photos entre amis et la possibilité aux autres de les liker… ou non et nettement moins par les posts écrits.

Ebay a commencé à se développer sur le territoire américain quand ces derniers ont élargi les enchères avec le **monde entier**. L'effet Waouh de gagner une enchère 'seul contre le monde' était décuplé. Contre seul parmi les américains.

Uber : « *Tu appuies sur un bouton, 5 minutes après une black car arrive devant chez toi. C'est notre Waouh !* », selon Travis Kalanick, le fondateur.

BURBN (bourbon, la boisson préférée de son créateur, Kevin Systrom, sans O), un site du type FB local. Il s'est aperçu que l'échange de photos était l'effet Waouh… Il décide alors de transformer intégralement son site… Il crée Instagram.

Mason, patron de **The Point**, deux jours avant de reprendre ses billes et d'arrêter le site, décide d'étudier ses datas. Il s'aperçoit que son site de lancement de campagne pour des causes animales et humaines ne fonctionne pas. Mais que les gens en se groupant se sont aperçus qu'ils pouvaient négocier des **prix de groupe** : GROUPON est né. L'idée du produit que se faisait l'entrepreneur ne résidait pas dans les 'bonnes causes', mais dans un pur sentiment de faire des économies. Je sais les valeurs éthiques, parfois, ne tiennent qu'à un fil… de quelques millions de dollars.

Youtube au départ est un site de dating[10] en vidéos. Plantage complet. On connait la suite.

La marque de fabrique de **Hubspot** c'est la formation sur

---

[10] Site de rencontre.

CRM, Marketing, Sales…. Pas du tout évident au début et pas conçue pour cela. Mais en étudiant le comportement des clients et des visites, ils se sont aperçus que les gens qui regardaient les **formations gratuites** s'inscrivaient plus souvent sur le CRM payant. Ils créent alors du contenu… payant en plus du gratuit et triplent leurs taux de conversion.

Twitter après une analyse data poussée, a compris pourquoi il y avait peu d'engouement dans les échanges. Les gens avaient peu d'amis avec qui échanger des news. Ils créent un script pour importer automatiquement les amis FB et Instagram. Et proposent systématiquement **30 amis à suivre** ou des célébrités.

Les effets Waouh sont à chercher dans le comportement des clients et pas dans le cerveau de vos équipes. Ce qui est très difficile à faire comprendre à un passionné de son produit ou service.

Avec nos experts nous utilisons un outil pour analyser et classer les effets Waouh de vos clients… Ad vitam aeternam. 3 onglets sont créés. Acquisition/Rémunération/Fidélisation.

Après l'expérience client, combien de clients ont atteint le « *Waouh*» le « *Merci pour ce moment* » ? Votre produit ou service procure-t-il un effet bœuf ?

Ce sont des *Triggers of aha*, des déclencheurs de l'effet WAOUH. Comme FB avec la notification que nos amis aiment nos photos. LinkedIn qui nous dit que quelqu'un vient d'accepter la connexion. Les updates de notre livraison sur Amazon. Chez

Hotel.com avec une nuit gratuite toutes les dix. Nous avons tous reçu un mail disant qu'une vente se termine, ou que 15 personnes sont déjà en train de regarder aussi notre réservation d'hôtel, qu'il ne reste que 3 tickets de concert ou 5 articles en stock… Voilà des exemples de *Triggers of AHA*.

Je ne vends jamais autant d'accompagnement en entreprise que lorsque le prospect sait que les délais d'attente sont de six mois. Et quand tu acceptes finalement la mission plus rapidement, ils te disent trois fois merci.

Le crowfunding permet aussi de comprendre les exemples d'échelle de *Triggers*. Pour 10€ de mise, j'ai le droit à un TSHIRT, mais pour 1 500€ je dine avec les fondateurs.

Le trigger doit avoir une réciprocité. Si je m'amuse avec le jeu, si j'accepte de passer dix nuits, si je *reward* bien les restos… alors qu'ai-je en retour ? Nous ne sommes pas dans le monde des bisounours. Nous n'avons rien sans rien.

Attention, par contre pour les start-ups, à ne pas mettre des Triggers, trop tôt. Laissons nos clients faire le tour du produit et service avant par exemple de les envahir de notifications.

OMTM

L'OMTM a été inventé en 2013 par Alistair Croll[11]. Les entrepreneurs et autres responsables marketing se pensant maître de leurs produits se font distraire par des « mesures de vanité » (*vanity metrics*).

Une fois trouvés les effets Waouh, il faut des mesures, appelées OMTM (One Metric That Matter). C'est-à-dire qu'il vous faut trouver les mesures qui vont permettre d'objectiver de semaine en semaine vos effets Waouh, pour confirmer ou non la bonne idée :

. Nbre de visite sur le site web ou en réel.

. Taux de conversion ou d'utilisation du produit ou service...

. Nbr de coups de fil ou de visites clients.

Les exemples sont à l'infini.

Il faut concentrer toutes les forces vives de l'entreprise sur les OMTM, les plus à même d'apporter de la croissance rapide et si la capacité de production est présente.

Cyril, un des co-auteurs, se souvient d'un menuisier qui partait en liquidation judiciaire. Ils lancent un OMTM, basé sur l'effet Waouh n°1, de la qualité de son travail, en utilisant un channel qui nous semblait le plus pertinent : LinkedIn prospectIN. Au bout de 3 mois, il a fallu arrêter la campagne. Le menuisier, dans l'impossibilité de recruter en quantité et en qualité, s'est retrouvé débordé... Et aujourd'hui tout va bien. Nous n'avions ici que 3 jours pour nous décider. Au lieu des 3 mois. C'est la force

---

[11] Lean Analytics

d'une équipe commando.

La mesure est importante pour vos réunions hebdomadaires. Nos expérimentations ont elles atteints le Metrics ? L'expérimentation à venir répond -elle aux OMTM ?

Comment les déterminer ?

Dans votre *Funnel*, il faut regarder où le taux de conversion, de transformation d'un suspect en prospect ou en client est le plus faible. C'est là que vous pêchez et qu'il faudra se concentrer.

Si par *l'Attention* vous arrivez à capter 100 000 suspects, que 25% deviennent prospects mais que seulement 4% signent. Alors il faudra travailler sur la *Retention* et le *Revenue*. Votre taux de *closing*, par exemple ! Vos commerciaux sont-ils bien formés ?...

Il est au cœur de votre processus d'idéation. Pas d'idées sans que l'OMTM soit directement impacté. A chaque OMTM atteint, le suivant doit être déterminé, par le « *Squeeze Toy Test* » d'Alistair Croll, comme réponse à la question : Quel OMTM ensuite ? C'est le principe de la boule de stress. Quand on appuie dessus une excroissance ressort, c'est l'OMTM d'après.

C'est simple. Il suffit de suivre son *Funnel*. Par exemple, si l'OMTM 'Attention' a permis de générer 1 000 suspects avec du ADS Google, alors le suivant est soit de multiplier par 10 le budget ADS, soit d'expérimenter une autre idée, soit de passer à l'étape suivante du AAARRR, ou un mix des trois.

Les **effets WAOUH** dans certaines de mes entreprises

. Quand, chez un nouveau client, vous réglez un problème qui dure depuis deux mois voire 3 ans avec les concurrents. Et que vous le réglez en télémaintenance en dix minutes.

. Quand le client doit arrêter vos interventions en Growth Hacking parce qu'il ne fait plus face en production.

. Quand nous sommes présents le week-end pour remettre toute l'informatique en place suite à une inondation.

. Quand on arrive à sauver des données perdues par le concurrent suite à une mauvaise sauvegarde.

. Quand le client prend conscience que son vieux discours commercial ne prend pas du tout en compte les effets waouh des clients.

« *Qui gouverne par la Vertu est comparable à l'étoile polaire, immuable sur son axe, mais centre d'attraction de toute planète.* », **Confucius**

North Star Metric

Selon Sean Ellis, « *La North Star Metric est la mesure unique qui capture le mieux la* **valeur fondamentale que votre produit offre aux clients**. » et « *Votre North Star Metric est un élément essentiel de l'alignement de votre équipe pour stimuler une croissance rapide et durable.* »

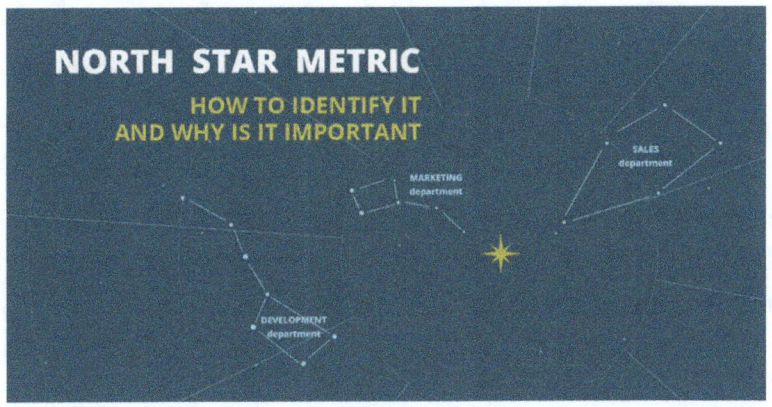

Ainsi, la *North Star Metric* est une mesure de la valeur totale que les clients reçoivent du produit. Étant donné que chaque produit offre une valeur unique au client, la mesure *North Star* varie d'un produit à l'autre et d'une entreprise à l'autre. Elle n'est jamais simple à trouver.

Répondez à la question essentielle : Que va perdre vos clients si vous disparaissez ? Toujours la même question : En quoi votre produit est indispensable ? Si la réponse est : RIEN. Alors continuez de gérer votre entreprise en subissant le marché et en copiant la concurrence. Rien ne vous impose d'innover et de croître de manière exponentielle.

Uber : Dans un premier temps, ils pensaient que leur NSM était le nombre de drivers. Ils se sont ravisés avec le nombre de course par semaine.

Yelp : nombre de restos

FB : temps passé à naviguer, puis le nombre d'utilisateurs actifs par jours.

LinkedIn : nombre d'inscription gratuite

Ebay : nombre items

Whatsapp's : nbre messages envoyés

Il est illusoire de s'auto-attribuer sa *North Star*. C'est un élément trop essentiel pour qu'il soit le produit du seul cerveau du dirigeant. C'est l'étoile que toutes les entreprises doivent suivre au moins 5 ans.

Alors un peu de sérieux !

C'est donc dans l'analyse comportementale des clients qu'elle doit être trouvée.

Pour le e-commerce ce sont les *datas analyze* qui la déterminent. Pour du BTB, traditionnel, de terrain, c'est vos commerciaux, vos questionnaires simples, vos interviews, vos rencontres…qui vous donneront votre *North Star*.

Elle doit avoir les caractéristiques suivantes :

1. Bénéfique pour tous les clients.
2. Mesurable périodiquement pendant au moins 5 ans
3. Pas de facteurs externes qui viennent la changer.
4. La croissance de l'entreprise est liée à la croissance de la NSM.
5. Le *Funnel* AAARRRR impact directement la NSM.

Attention aux inconvénients d'une métrique

Réfléchissez à certains scénarios où l'augmentation de la métrique pourrait amener l'équipe à se comporter d'une manière qui va à l'encontre de l'intérêt à long terme de l'entreprise. Par exemple, si vous avez fait de votre NSM un « revenu mensuel moyen par client », le moyen le plus rapide d'augmenter ce nombre serait d'éliminer tous les clients qui ont une valeur relativement faible, même s'il s'agit de clients rentables. Cela réduirait probablement votre taux de croissance global de la clientèle et des revenus.

Une autre mesure médiocre serait quelque chose comme « téléchargements d'applications mensuels ». Il s'agit une fois de plus d'une mesure de vanité car il est possible de générer des millions de téléchargements qui n'utilisent jamais réellement votre produit.

Vous allez me dire pourquoi ne pas se concentrer sur la croissance du chiffre d'affaires ? Parce que si ce dernier est basé sur vos éléments de langage et pas sur les effets WAOUH et surtout la NSM, alors vous n'aurez pas la croissance à long terme que vous méritez.

Enfin, la NSM devient particulièrement puissante si l'équipe l'associe à la mission globale de l'entreprise, sa vision (encore que celle-ci doit être partagée et encore mieux, collective). Facebook fait un excellent travail en connectant leur NSM à leur vision de « rapprocher le monde ». Si l'équipe a un lien émotionnel avec la vision et considère la NSM comme le tableau de bord pour réaliser cette mission, vous libérerez une puissante force de croissance durable.

Les effets WAOUH sont nombreux et peuvent varier d'une semaine à l'autre. Par exemple, les effets WAOUH recherchés pour la période de Noël seulement. Mais pas la NSM. Elle est l'étoile polaire, le cap que nous devons suivre pour au moins 5 ans. L'effet WAOUH absolu.

L'OMTM va recouvrir une partie seulement du *Funnel* ou une partie d'une bulle de la roue expérimentale. Alors que la NSM englobe toute l'entreprise. C'est notre cap, notre direction, notre orientation.

Les OMTM sont des éléments pour parvenir à la NSM.

Chez les Compagnons IT

Notre NS est la sérénité des clients et sa mesure est le ratio nombre de Contrat de Maintenance/Nombre de clients

---

> *"Les choses capitales qui ont été dites à l'humanité ont toujours été des choses simples."*, **De Gaulle**

LES ELEMENTS DE LANGAGE & LE CONTENT MARKETING

SEMAINE 4 : Je sais enfin de quoi parler

Peu importe le channel d'arrivée d'un suspect : *"Le premier texte qu'ils voient doit être rapidement le vrai message."*, Sean Ellis. Le focus émotionnel d'un suspect est descendu en 20 ans de 20 secondes en 2000, à 8 secondes en 2022. Pour Ross Davies, nous n'avons même que 5 secondes pour convaincre.

Notre punchline doit être : Percutante, directe, persuasive et en phase avec les besoins et les désirs du suspect/prospect/client.

Attention, un suspect n'aura pas les mêmes effets WAOUH qu'un nouveau client ou qu'un vieux client. Vous n'attirerez pas les suspects sur les mêmes channels avec le même discours que vos clients.

Encore une fois, votre punchline doit venir de votre NSM. Le seul effet WAOUH commun à tous, même si c'est à des degrès différents.

Dans mes entreprises d'informatique nous avions plusieurs punchlines au fil du temps, convaincus à chaque fois que nous avions la bonne :

'Des experts à votre service'

'Une réactivité à la hauteur de notre proximité'

Jamais nous n'avions demandé aux clients. Des années sans mesurer les channels d'arrivée des suspects. Des années sans questionnaire aux clients après un dépannage ou une installation. Bref, l'équipe au centre de l'entreprise… mais surement pas le client. Défaut souvent constaté dans les entreprises libérées. (Bien être des équipes avant la satisfaction client)

Quand nous avons changé de braquet, nous avons arrêté de pédaler dans la semoule ; Et plus de 80% des clients nous ont parlé de Sérénité.

Au final nos punchlines se sont transformés :

'Faites votre job ! Nous gérons votre informatique.'

'Votre sérénité au cœur du système d'information'.

Nous continuons encore aujourd'hui d'analyser le comportement de nos clients et de tester des punchlines autour de cette NS.

Une fois, les effets WAOUH trouvés, la NSM, la punchline il reste votre talent d'écrivain sur le fond et la forme... Ou pas.

Sur le papier cela semble simple mais les *contents* sont devenus affaires de techniciens et plus de baudelairiens. Combien de mots pour un post, un blog, une page web, une landing page, un article LinkedIn ou un post Facebook… ? Quels mots clés feront les vues ?

Bonne chance dans cette jungle des algorithmes où les règles sont toutes différentes et en constante évolution. Des mots de transition obligatoires… même au détriment du texte ? Des répétitions obligatoires? Des phrases courtes… Proust se retourne dans sa tombe… Bref… Oubliez tout ce que votre prof de français a tenté de vous faire ingurgiter à coup de marteau thérapie avec le « *Rouge et le Noir* ».

Vous pouvez toujours vous former ou vous faire aider par des agences dont c'est le métier.

N'oubliez surtout pas de partager vos éléments à toutes les parties prenantes de votre entreprise (collaborateurs, actionnaires, clients, fournisseurs, banquiers…).

Et oui, au 21ème siècle, celui de la communication à outrance, il y a des commerciaux terrain qui n'ont jamais reçu les éléments de langage de l'équipe de marketing. Et réciproquement. Parmi mes clients, je rencontre ce cas de figure une fois sur deux. Sean Ellis l'estime à une fois sur trois aux USA. Le raisonnement en silo, en coq du village de chaque directeur, est dévastateur pour une entreprise.

Il y a un vrai décalage entre le commercial de terrain confronté de face au client et le content marketing affiché sur le site web.

J'ai accompagné une entreprise qui loue des hébergements insolites dans la Somme. Parmi ceux-ci, il y a la 'Goutte d'eau'. Un mini hébergement au-dessus d'une rivière. Sur le site internet, effet Waouh, garanti. Le suspect est conquis. Le fils me fait visiter en me prévenant par avance que l'effet Beurk arrive. Vu les photos sur le site s'était impossible pour moi… Il avait raison. La responsable terrain qui amène les clients à chaque Goutte d'eau, se voit dire la même chose tous les jours par les clients : '*C'est pas comme sur le site !!!* » 2 clients sur 5 demandent un autre logement.

FUNNEL : LE TUNNEL DE VENTE AAARRR

Nous voilà arrivé à l'étape des experts. Nous les trouverons au sein de votre entreprise, en sous-traitance ou chez les Compagnons IT.

SEMAINE 5 NUX et idéation dans le Funnel

Un léger écart, voire un Grand Canyon, s'est créé entre les premiers instants de vos réflexions à Pour Qui ? et aujourd'hui après l'étude des comportements clients, des datas, des effets Waouh, de la NS et des *triggers*.

Mettez face à face vos discours de départ et ceux de maintenant.

Le temps est venu de passer à la NUX.

La *New User eXperience*. Avec tous les nouveaux éléments vous vous devez de co-construire une nouvelle expérience client.

En ne perdant jamais de vue ce que Bryan Eisenberg, père de la *conversion optimization*, appelle la *Conversion trinity* :

Communication adéquate (*New punchline*), montrer la valeur du produit (*North Star*) et assurer un call to action (*trigger*).

On a Starbucks et sa carte de fidélité internationale (12 millions de membres, rien qu'aux USA) ou American express qui me propose tous les mois des réductions avec mes points fidélités liés aux transactions faites avec ma carte. Ces deux entreprises ont radicalement changé leur NUX, il y a quelques années.

La 'Grande' compagnie American Express ne se voyait pas se réduire à faire des cadeaux.... Et pourtant, elle a fini par le faire... Avec succès.

Le *funnel* de vente, développé par Dave McClure, un business angel de la *Bay (de San Francisco)*, permet de saucissonner son process en 6 étapes et ainsi de maîtriser parfaitement l'optimisation de sa chaîne de la réussite.

Avec Cyril nous en ajoutons une 7ème : Automatisation, la scalabilité.

Il doit devenir le guide du Growth Hacker. C'est votre sextant. Votre outil pour vous diriger sur la map (Stratégie à 5 ans) qu'il faut suivre. Et la nuit (moments critiques) nous avons toujours notre étoile polaire, la North Star.

A nous le processus d'idéation en suivant le guide *Funnel* et en s'aidant de l'outil de la roue expérimentale.

Avec les mesures adéquates, le *Funnel* permet de comprendre vos goulots d'étranglement. Où vos équipes pêchent le plus ? Les endroits où la conversion est la pire. Le sextant permet de corriger la direction prise... en cas d'erreur.

Le vrai Growth Hacking; Copyright David Van laecke.

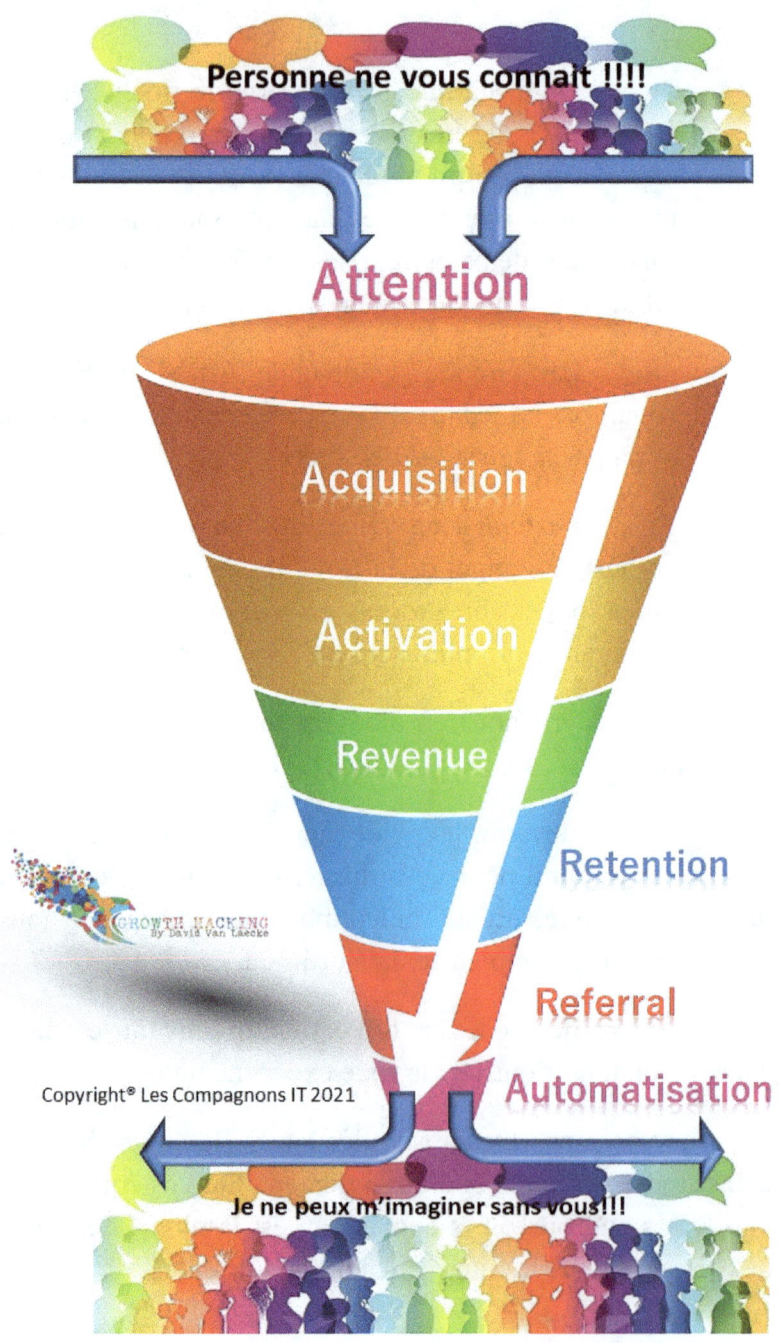

Le principe est le suivant : Générer du suspect afin qu'il devienne ambassadeur par le tunnel AAARRRA.

1. Porter **l'ATTENTION** sur soi en tout temps en tout lieu et à tout moment[12]. Montrer que l'on existe. Combien de suspects ?... Afin de...
2. Faciliter les suspects à nous trouver ou penser à nous : **ACQUISITION**. Combien entrent en contact avec nous ? Le taux de transformation en prospects ? Afin de...
3. Leur faire partager une première expérience d'invité : **ACTIVATION** en prospect actif. Le taux de prospect actif.
4. Générer des **REVENUES**. Up-selling, Cross-selling, juste prix...Pour ...Taux de devis faits et signés.
5. Réussir à les capter, les garder, les soigner...les **RETENIR**. Age moyen des clients. Afin de...
6. Les satisfaire et qu'ils deviennent nos ambassadeurs, nos **REFERRANTS**.
7. **Automatisation** : Rendre scalable un maximum d'actions.

Comment ?

Selon votre activité, le *Funnel* est flexible. Par exemple nous aurons souvent le *Referral* avant le *Revenue* ou le *Retention* pour le e-commerce, ou les logiciels SAAS. Les starts-up font souvent appel aux influenceurs pour commencer à générer du revenu.

De plus il faudra utiliser des outils non négligeables selon vos besoins comme Hotjar (Suivi du comportement de vos visiteurs web), HootSuite (gérer sa présence sur les réseaux sociaux), MailChimp (envoi de newsletter), Typeform (réaliser des enquêtes, sondages...), Canva

---

[12] Principe écrit sur tout contrat de militaire.

(qu'on ne présente plus) et pour segmenter le comportement de vos clients (Segment, Amplitude, Mixpanel…).

1. ATTENTION :

> « *Pour rester belle. Si vous avez les seins qui tombent, faîtes-vous refaire le nez, ça détourne l'attention.* », **Pierre Desproges**.

Le monde vit très bien sans vous !

Et oui, la vie ce n'est pas facile, quand on la pose comme cela.

Alors comment se faire connaître, aller à la rencontre de gens qui ne savent pas que vous existez... et qui n'ont que faire de vous.

Il vous faudra créer un message convaincant : Notre entreprise doit envoyer un message au client, donner une impression qui le ravira, lui transmettre des informations et créer une connexion.

Première question à se poser après le qui c'est où sont nos clients ? Club business, salons, golf, réseaux sociaux, ville/campagne, étranger, région/national...

Là où ils sont il faut y être non-stop. Et ne pas faire de la figuration. Ne jamais rester dans son coin. Il faut se montrer. La vie professionnelle est un immense théâtre. Devenez acteur de votre vie pro. Vous avez votre vie personnelle pour jouer à « Qui suis-je réellement ? »

Les questions doivent fuser pour aller les chercher :

- Quelle est la prochaine grande nouveauté dans notre secteur ? Rédigeons des

- articles à ce sujet pour montrer que nous sommes en avance sur le jeu.
- Est-ce que beaucoup de nos clients cibles suivent un influenceur en particulier ? Cherchons un partenariat avec lui...
- Sont-ils au clubs BNI, Medef, CPME, CJD, réseau entreprendre, Club Tupperwaere... ? Allons y.
- Quand sont-ils le plus disponible pour que l'on apparaisse dans leurs vies ? Le Week-end ? Le lundi matin ? A Noël ou toute l'année ?

Utilisez les bons éléments de langage en fonction de votre public cible. Cela signifie donc utiliser le bon *channel* de communication : Relation Presse, plaquettes, rdv direct, site web, réseaux sociaux... Bref la totalité de la roue expérimentale... Afin de ne pas s'éparpiller si les moyens humains sont limités. Les tests doivent être nombreux, mesurables et très diversifiés.

Et n'oubliez pas l'effet Waouh qui vous permet de piocher parmi les pépites des commentaires de vos clients.

Voici un rapide tableau des Channels selon 3 catégories :

Viral Bouche à oreille	Organic & Naturel	Payant
Social Media	SEO	Offline ADS Pub Publireportage/ TV/radio…
Widgets	PR	Affiliate ADS
Ambassadeurs	Speaking Conférences	Online ADS (Google, FB, Youtube…)
Programme d'affiliation	Content Marketing/ Eléments de langage	Campagne d'influenceurs
Engagement communautaire	Applications	Sponsor/Mécénat
Interviews	Free tools	Phoning sous-traité
Sondage/Questionnaires/Enquête	Email marketing	VRP, agents…
Talking head video & infographic Vidéos	Community Building	Plaquette
Crowfunding	Partenariat stratégique	Boîtage
Jeux/Quizz	Articles/Pos	

	ts	
Podcast	Blog + guest blog	
PDF/E-books/PPT	Site internet	
Testimonials	Forum/FAQ	
Webinar	LinkedIn, FB, Twitter…	
Book	Blog Commentaires sur d'autres sites	
	Commercial terrain et phoning	

C'est l'étude du comportement des clients qui déterminera les *channels*. Comment nous trouvent-ils ? Sur Google ou un practice de golf. Grâce au SEO de notre site web ou lors d'un repas arrosé d'un business club ? Par un influenceur ou par sa grand-mère ?

Comment nous avons attiré l'attention des clients permet de savoir comment l'acquérir. Le garder bien au chaud et générer du business.

Un suspect venu par le canal d'un influenceur sera toujours plus sensible à une *channel* bouche à oreille qu'à notre propagande interne.

2. ACQUISITION :

« L'ivresse n'est jamais qu'une substitution du bonheur. C'est l'acquisition du rêve d'une chose quand on n'a pas l'argent que réclame l'acquisition matérielle de la chose rêvée. », **André Gide.**

Une fois attiré l'attention du suspect, il ne faut pas le lâcher dans la nature. Vérifier que votre raquette ne soit pas pleine de trous.

L'organisation est le maître mot. Une étude IBM auprès de 40 000 commerciaux a démontré, l'importance de l'organisation chez les meilleurs commerciaux.

Le suspect doit devenir prospect après un premier contact, une première expérience...

Il doit entrer dans l'entonnoir. Et vous vous devez de ne plus le laisser seul dans la nature.

Deux phases ici s'imbriquent : *Discovery* et *Optimization*.

La découverte de votre existence vient d'avoir lieu avec l'Attention. L'optimisation dans l'Acquisition, permet de mettre les moyens là où vous gagné du suspect et de la transformation en prospect. Capitaliser sur un service gagnant, comme au tennis.

C'est le premier contact :

Dépôt de plaquette

Echange de carte de visite

Demande de connexion LinkedIn…

3. **ACTIVATION** :

« *Vous allez à la télévision pour éteindre votre cerveau. Vous allez à l'ordinateur lorsque vous voulez activer votre cerveau.* », **Steve Job**.

Vous avez attiré son attention, vous êtes entré en contact avec lui. Maintenant proposez-lui une première expérience client. Même gratuite, même infime. Instaurez la nouvelle relation entre vous.

Chaque étape est primordiale. 98% du trafic web sur les sites marchands ne génère pas de vente et 80% des appli téléchargées sont désinstallées après 3 jours. 60% des attention/acquisition ne génèrent rien après. Il existe même des spécialistes de l'attention/acquisition qui ne savent pas activer un suspect/ prospect en client. Et nous verrons plus tard, une grande majorité de commerciaux et vendeurs non rompus aux techniques de *closing*.

Il faut trouver à cette étape son *Highest-Impact Activation eXperiments*… en restant humble et focus sur les datas. Le trouver c'est garantir entre 30% et 60% du flux client futur… Pour cela posez-vous les questions suivantes :

1. Comment votre client est arrivé au *Waouh moment* ? Quel process, chemin a-t'il suivi ? Il faut que vous développiez la culture du *Learn flow*. L'apprentissage tout le long de votre flux.
2. Faire la liste pas à pas de chaque étape du client de « *Je ne vous connais pas* » à « *Waouh !!!* » C'est aussi faire la liste des suspects/prospects

déçus qui sont partis, ou restent mais sont frustrés ou perdent de l'intérêt. Le process doit être le plus simple possible.
3. Calculer les pertes en vol mais aussi à chaque étape calculer le taux de conversion des prospects en clients.

Interroger les clients sur leurs intérêts ou sur les problèmes pour lesquels ils recherchent des solutions crée immédiatement une forme d'engagement. Ils doivent investir un peu de temps pour répondre, tout en forgeant un lien personnel plus profond avec vous et votre produit. Cela leur indique également que vous êtes intéressé par eux individuellement et que vous leur fournissez le meilleur service possible.

La tactique fonctionne mieux s'il est clair pour le client que la personnalisation du produit selon ses besoins et ses désirs seront à son avantage. Je ne recommande pas plus de cinq questions à poser aux suspects, et faire des choix multiples plutôt que des questions ouvertes, avec pas plus de quatre réponses possibles chacune. L'inclusion d'images et de visuels améliorera probablement également l'engagement.

Voici quelques types courants de déclencheurs à tester :
- Création de compte : encouragez les utilisateurs qui ont téléchargé une application ou visité votre site Web à compléter leur compte ou répondre à un questionnaire personnalisé.
- Messages d'achat : encouragez les utilisateurs à effectuer un achat avec une remise à court terme.

- Campagne de réactivation : encouragez les clients redevenus prospects à revenir et à se réengager, par une visite, un mail, un blog...
- Annonce d'une nouvelle fonctionnalité : partagez les actualités sur les mises à jour du produit ou service.

Garder à l'esprit les six principes de persuasion :

- **Réciprocité** - selon laquelle les gens sont plus susceptibles de faire quelque chose en échange d'une faveur, indépendamment de la faveur faite et de la demande qui leur est maintenant présentée.
- **Engagement et cohérence** - les personnes qui ont pris une action sont susceptibles d'en prendre une autre, quelle que soit la taille ou la différence d'action.
- **Preuve sociale** - dans une situation d'incertitude généralisée, les gens se tournent vers les actions des autres pour les aider à prendre leurs propres décisions.
- **Autorité** - les gens se tournent vers ceux qui sont en position d'autorité pour décider des mesures à prendre.
- **Aime** - les gens feront des affaires plus facilement avec des personnes et des entreprises qu'ils aiment plutôt qu'avec des personnes auxquelles ils sont indifférents.
- **Rareté** - les gens prendront des mesures lorsqu'ils craignent de rater l'occasion à l'avenir.

4. Le Revenue

> *« Pourquoi payer ses impôts sur le revenu ? Il vaut mieux attendre qu'ils repartent. »*, Pierre Dac.

Transformer l'essai, comme au Rugby !

Conclure la relation en faisant une proposition de service, de conseil, de produits…

Trouver le **juste prix**, après une expérience free, n'est pas chose facile.

Et trouver son **récurrent** encore moins. Facile pour des sociétés d'abonnements, de location, de maintenance… plus difficile dans des activités de One-shot. Dans ce dernier cas, c'est accroître le nombre de nouveaux consommateurs qu'il faut acter. Ou trouver un moyen de faire du récurrent. Par exemple dans mes activités, la location 3 ans, de PC, garantis 3 ans. Alors qu'avant nous faisions de la vente directe de PC en one shot. Ou dans l'automobile les locations/partages de voiture de particulier. Tu achètes ta voiture en location et tu la partages avec l'application du constructeur, comme en Suède : Lynk & Co 01.

Il faut déterminer rapidement sa LTF : LifeTime Value. Comment persuader les clients à renouveler le récurrent ? Comment persuader le client à recommander ? Comment faire en sorte que le client achète plus ?

Dans l'impression 3D, l'achat d'une imprimante se fait une seule fois au sein de la famille, et souvent pour le geek. Et bien pourquoi ne pas faire un abonnement pour le consommable ? HP l'as très bien compris, avec ses imprimantes classiques.

Autre risque de perte en ligne de nos prospects : le closing. Pour le e-commerce, il se traduit par le paiement immédiat du panier. C'est une étape qui doit être simplifiée au maximum. Un paiement trop compliqué, pas automatisé avec préenregistrement de la CB… Et les ventes s'effondrent. Comme le closing dans le vrai monde. Beaucoup trop de commerciaux terrain, de vendeurs ne savent pas encore closer comme il faut.

Ne pas oublier non plus, pour toutes les activités le up-selling et le cross-selling. Dans mon activité cela ne revient pas à vendre un pc ou une imprimante mieux et plus cher. Nos marges de moins de 10% ne permettent pas que l'on perde notre temps à cela. Par contre systématiquement un nouveau client se verra proposer un contrat de maintenance, de la formation… bref du service à la marge plus importante. Comme chez MacDo qui vous propose soit le menu XL (up-selling), soit la boisson et dessert si vous ne prenez qu'un sandwich (cross-selling).

C'est aussi l'étape où l'on regarde le bénéfice net

d'une action. Une publicité à 1 million de dollars la seconde au Superbowl valait-elle la vente de 30 savons à l'eau de rose ? Cette analyse doit être faite en incluant les dépenses et les achats, y compris les frais de port, de déplacements, les tarifs étrangers, les frais de douane…

5 RETENTION :

> *"La rétention de l'information est une forme de constipation du savoir."*, **Renaudot**.

Par cette première nouvelle expérience, rendez votre client HAPPY. Satisfait. Surpris. Et dans le temps continuez, ne lâchez pas l'affaire. La rétention est une dure lutte du quotidien.

Elle s'applique aux nouveaux clients mais aussi à ceux déjà en place. Le GH est une affaire de culture d'entreprise. Donc du très long terme.

Bref, faite lui vivre une émotion. Par sa sensibilité. Il doit se dire : « *Mais pourquoi je ne l'ai pas connu avant ?* » Et ensuite il doit **répéter l'expérience** de votre service et se dire : « *Ils sont constants dans leurs bons conseils* », « *Pas de mauvaise surprise !* », « *J'ai bien fait de faire appel à eux !* », « *J'ai découvert des nouvelles fonctionnalités Waouh* » ...

Parmi tous les clients que vous aurez, il faudra bien faire le tri entre les vrais potentiels clients et les *Churns* (Les bidons).

Ensuite on déroule le tunnel. L'instrument de guerre à *Retention* d'Amazon est célèbre : Amazon Prime. 73% des gens qui le testent, y adhèrent. Ils sont 96%, 4 ans plus tard à y souscrire encore. Avec constamment des effets

Waouh.

Les cartes de fidélités sont les plus connues des *Retention program*. Mais la fidélité à un prix. Lequel ? C'est la question que vous devez vous poser. La reconnaissance, les *'Merci pour ce business'* comme dans les BNI. Ou les *Congrats* sur votre portable quand vous arrivez à 10 000 pas effectués dans la journée ou quand vous devenez Platinum chez Hotels.com.

Tout cela à un coût pour l'entreprise qu'il faut établir et accepter.

N'oubliez pas la visite régulière du commercial terrain. Ou encore mieux. Après être parti 5 ans aux USA, je suis revenu dans l'Oise avec un cadeau pour nos clients : Mon livre : « *L'enfant du dehors* ». Ils ont non seulement pu toucher du doigt un entrepreneur qui a osé se jeter dans l'inconnu mais en plus ils possèdent mon livre dédicacé. Effet Waouh garanti. Et depuis l'écriture de celui que vous tenez entre vos main, un livre top 3 des ventes Amazon pendant 6 mois.

Personnalisez la relation client. Tel est l'un des grands secrets du Growth Hacking. Une fois de plus il faut industrialiser et automatiser la méthode et rentrer vos actions et informations dans votre CRM.

Les trois phases de la *Retention* :
- Période initiale : Il faut rester focus sur les 'Pourquoi ils restent ?' et 'Pourquoi ils partent ?' Il faut selon les produits et services laisser du temps et parfois multiplier les expériences quasi gratuites. Chez CKI[13], entre

---

[13] Une de mes entreprises en informatique de maintenance dans l'Oise.

les promesses faites dans la période d'attention-activation et la rétention, il doit y avoir cohérence et effet Waouh. En cadeau de bienvenue, ils sont inscrits sur la liste du blog formation. Un blog dédié aux clients pour apprendre des trucs et astuces gratuitement sur Word, Excel, CRM…Reçu tous les lundis matin.

- Période medium : Les clients ne se lassent t'ils pas de votre produit, de votre tête ou de vos blagues ? Si oui est-ce mesuré ? Le quotidien, les habitudes… tuent le business. Les *« Zombie or cold customers »* sont les clients disparus des radars. Pourquoi ? Chez CKI, tout client n'ayant pas commandé depuis deux ans fait l'objet d'une visite. Quel est alors votre *resurrection flow* ? Vos arguments ou outils pour qu'ils reviennent. Par exemple, après trois ans chez CKI, nous allons voir notre client avec un merci personnalisé. Et un service supplémentaire offert dans le contrat de maintenance. Cela peut-être par exemple des vidéos DIY, *Do It Yourself*, pour qu'ils apprennent à utiliser votre produit ou d'autres utilisations. Faites preuve d'imagination. Et surprenez vos clients.

- Longue Période : Les clients aiment le changement. A 5 ans, par exemple dans mes activités, cela se vérifie. Il faut comme dans un couple raviver la flamme. Alors nous devons créer de la valeur ajoutée supplémentaire. A vous de trouver des nouvelles caractéristiques, des updates, des services en plus… La promesse d'encore mieux, certain en ont fait leur fonds de commerce, comme Hulu, Netflix, Amazon prime, HBO…avec le *What Coming Soon* ?

Attention ! Cela ne doit pas non plus devenir la foire à neuneu. Restons toujours simple et clair dans nos services et produits. Trop de updates tuent les updates. Qui se sert des 97% de fonctionnalités Word utilisaient par seulement 2% des utilisateurs ?

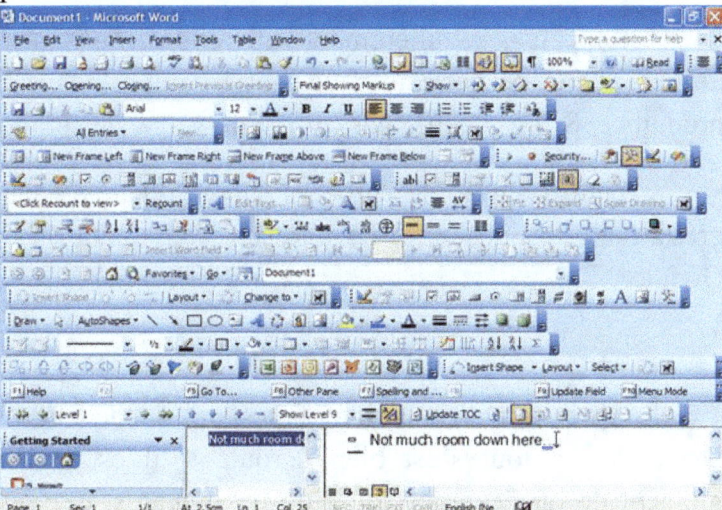

La même chose pour Internet Explorer.

.

6   REFERRAL :

« *Le meilleur ambassadeur de Cuba, c'est son cigare.* »

Rappelez régulièrement au client qu'il est aussi un **ambassadeur** de votre marque, votre équipe, vos méthodes, vos produits… S'il n'y pense pas lui-même… Ce qui serait mieux !

Industrialisez le process après chaque achat, chaque prestation… proposez lui de faire un testimonial ou une notation Google.

Après une installation, faites une visite chez vos clients. Demandez si tout s'est bien déroulé. S'il est satisfait c'est le moment de lui demander de faire des rewards, de vous conseiller auprès de ses clients, amis ou fournisseurs…

7   : Automatisation

L'étape ici consiste à essayer au maximum d'automatiser les réussites. Par des techniques en digital marketing par exemple.

Par votre CRM, notification Google, Outlook…

Idéation

> « *La création même n'est possible pour l'Homme que par l'effort d'une faculté instinctive, l'inspiration, et qui, seule, donne le contact direct avec la nature d'où l'étincelle va jaillir. [...] Qu'un politique, un soldat, un homme d'affaires conçoive comme il faut, c'est-à-dire qu'il a le sens des réalités, ou le don, ou du coup d'œil, ou du flair. Rien ne peut, dans l'action, remplacer cet effort de la nature même.* », **De Gaulle**, quand il parle de **Bergson**.

Semaine 5 à ….vie : En avant l'expérimentation !

Vos idées doivent jaillir d'une création, d'un imaginaire individuel et collectif… Fini le temps de la méthode rigoureuse, de l'intelligence organisationnelle… Place aux créatifs, aux imaginatifs…De Gaulle, dans 'Le fil de l'épée' cite des Turenne, des Masséna…Peu enclin à la théorie mais à l'esprit de terrain très créatif.

Alexandre le grand l'appelle '*son espérance*', César '*sa fortune*' et Napoléon '*son étoile*'… Il s'agira bien ici de faire briller les étoiles de vos équipes.

Une méthode : GROWS

1. **G** – (Gather Ideas / **Rassembler les idées**
2. **R** – (Rank your Ideas / **Classer les idées**
3. **O** – (Outline Experiments / **Aperçu des expériences**
4. **W** – (Work Work Work / **Travail, travail et ... travail**
5. **S** – (Study outcome / **Étudier les résultats**

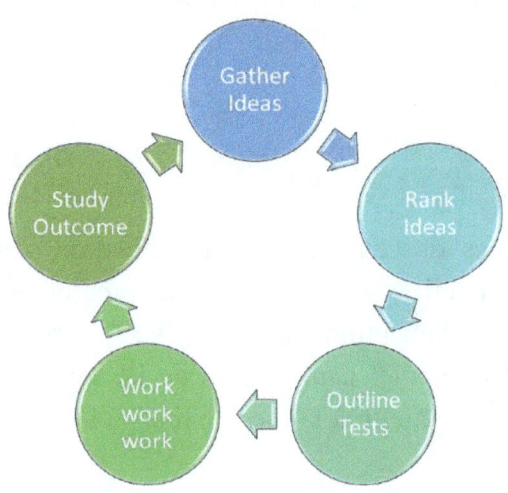

1. **Rassembler des idées**

Que pourrais-je faire pour améliorer mon indicateur unique qui compte ? Mon OMTM du momen ou mes OMTM ?

On propose de présenter ce concept lors d'une réunion. Ensuite, on donne aux équipes une semaine pour soumettre autant d'idées qu'elles peuvent identifier.

L'étape d'idéation implique que chaque membre de l'équipe développe des idées. Elles doivent être liées au domaine d'expertise de chaque individu et à sa créativité, voire et surtout sa folie.

Toutes les propositions faites par les collaborateurs, fournisseurs, actionnaires…doivent passer par le pipeline d'idées. C'est un format structuré pour enregistrer, suivre et évaluer toutes les idées entrantes. Il nécessite souvent que chacune d'elle reçoive un nom court et spécifique. De plus, une description de l'idée doit être fournie, qui comprend à la fois une action et le résultat escompté. Par exemple, *"En récompensant la fidélité des clients, nous augmenterons le nombre de clients fidèles de 30%."*

La base de travail de l'idéation est bien la suivante :

Focus = Effet Waouh + *North Star Metrics* + Datas analyses

Encore une fois, avant les réunions, Sean Ellis recommande de poser à vos équipes une série de questions accompagnées de sous-questions sur le comportement de vos suspects, prospects et clients, voir les meilleurs clients et ceux qui vous quittent.

Du type :

Comment se comportent nos clients ?

Quelles sont les caractéristiques de nos meilleurs clients ?

Quels événements conduisent les clients à cesser d'utiliser notre produit/service ? Recherchez les plaintes et remarques reçues.

Faites des tests utilisateurs avec vos clients ou prospects pour entendre ce qui retient leur attention. N'oubliez pas les effets Waouh.

Regardez du côté de vos concurrents. Ils ne sont pas plus bêtes que vous.

Etudiez les analyses de marché, les articles de presse spécialisée.

Analysez les datas de vos sites web, les *Heatmaps Hotjar* (Les pages où se concentrent le plus d'activité, elles sont représentées sous forme de zones « chaudes » ou « froides)

Après avoir posé ces questions en préalable à la réunion, vous devez ensuite développer des enquêtes et des entretiens qui vous permettent de collecter des données précieuses liées à ces questions. Vous devez confier ce travail à des experts en marketing et à vos commerciaux terrain, si possible. Enfin, après avoir reçu les données, vous devez les analyser pour identifier les tendances et les modèles. Ces tendances doivent être présentées lors des réunions d'équipe afin de sensibiliser tout le monde aux comportements des clients.

Les trois étapes.

Première réunion.

On **analyse** la situation : les chiffres dont on dispose, la concurrence, les analyses existantes, les Hommes, les clients, les actionnaires, le comité de direction, les fournisseurs, … avec des interviews et/ou des questionnaires clients. On recentre le débat sur les clients et les effets Waouh. On communique à tous ces analyses.

On se refuse les interprétations orientées par la direction. On efface nos prismes de croyances. Nous restons froids devant les chiffres.

Il faut être très détaché de son produit et accepter les critiques difficiles : Chamath Palihapitiya, Facebook, : « *Si vous ne pouvez pas rester froid et sans aucune émotion, face à vos produits et services, vous engendrerez erreurs sur erreurs et les choses ne se développeront pas, sans que vous sachiez pourquoi."*

En 2009, FB partait dans tous les sens en termes d'idées. Ils ont arrêté pendant deux mois les tests en cours pour se focaliser sur les datas : *tracking*, collecte et mise en commun.

Laisser une semaine entre deux réunions. La phase Brainstorming doit être libre et ne fait pas l'objet des réunions hebdomadaires d'idéation. Elle aura lieu selon les envies de chacun : individuel, en groupe, par affinité, par métier, au déjeuner, chez soi, en courant, en marchant… en roulant (38% des idées arrivent en voiture).

A la deuxième réunion d'idéation, les **idées** fusent, avec méthode : nom de l'idée, description à l'aide des 5W (Who, What, Where, When, Why, et How ?), les hypothèses (causes et effets attendus) et les mesures. Nous sommes dans la méthode inductive. Nous lançons des hypothèses. Comme dans tout autre type d'expérience, elles doivent être une **simple** proposition de causes et d'effets attendus et de métriques à mesurer.

Aparté

High tempo :

« *Les entreprises qui grandissent le plus vite sont celles qui apprennent le plus vite.*", Sean Ellis. Et aussi: "*Souvenez-vous qu'en général, les gros succès en GH arrivent suite à une série de petits.*"

Le tempo en GH a son importance. Nous ne dirons jamais assez qu'il doit être soutenu. Action/Réaction. Je parle bien de la méthode. Il est évident que certaines *Channels* demandent du temps. Mais au cœur de la méthode les réunions ne doivent jamais dépasser une heure. Et les expérimentations doivent être intensives.

N'oubliez jamais que « Faire parfaitement », c'est « Pas faire » et c'est surtout perdre son authenticité, son instinct.

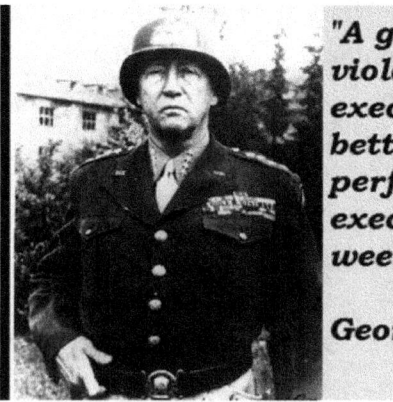

Le GH a été utilisé par l'équipe de football de l'Université Baylor. L'équipe avait des difficultés depuis plusieurs années, mais leur nouvel entraîneur-chef, Art Briles, a intégré le GH dans ses méthodes, avec un tempo élevé. Cela a permis à l'équipe d'en apprendre plus en moins de temps que les autres équipes. Avec des séances de jeux très rapides et très courtes, l'équipe faisait 13 séances offensives de plus à chaque match que n'importe quelle autre équipe. Donc 13 chances de plus de développer des stratégies nouvelles et voir lesquelles fonctionnent le mieux.

Les grosses entreprises testent 20 à 30 idées par semaines.

Les start-ups 2/3.

Et vous ?

2. Classer les idées :

Suite aux deux premières réunions (dans les petites entreprises une suffit) + le brainstorming, nous allons classer nos idées.

Quelles idées auraient le plus d'impact sur mon OMTM pour le moins d'efforts et/ou de budget ?

Sur la base de certains critères, tels que PIE, ICE ou BRASS

1. Brass: Blink, Relevance Availability, Scalability

A n'utiliser que pour la partie '*Attention*' du *Funnel*.

Blink : Rendre aveugle son cortex. Faire fonctionner son Instinct, sa sensibilité, ses émotions. Entre 1-7

Relevance : La *Channel* la meilleure pour cette idée. Entre 1-7.

Availability : La disponibilité des ressources Hommes/budget. Entre 1-7.

Scalability : Quelle est la capacité de reproductibilité de cette idée si nous l'utilisons davantage ? entre 1-7

Score : On termine par le score final sur 20.

2. ICE: Impact, Confidence, and Ease.

Impact: Il s'agit de l'attente quant à la mesure dans laquelle les idées amélioreront la métrique sur laquelle se concentrer. Quel impact sur la *North Star* ?

Confiance: Il s'agit d'une mesure de la force avec laquelle le générateur d'idées croit que l'idée produira l'impact attendu. La confiance devrait être plus élevée si un test est une itération d'un test précédemment réussi. Mais aussi s'il apporte des analyses des benchmark, d'experts, d'articles spécialisés, d'expériences antérieures…

Facilité: La facilité est la mesure du temps et des ressources nécessaires pour exécuter l'expérience.

3. PIE : Probability, Impact, Ease

La probabilité de réaliser l'idée, son impact et la facilité d'exécution.

La seule différente avec ICE réside dans le démarrage. Attente ou Probabilité ? Le choix de la méthode se fait en fonction des produits/services, des équipes…

Cela nécessite une grande **confiance**. L'équipe doit se demander dans quelle mesure elle croit que l'idée peut créer l'impact imaginé, c'est-à-dire dans quelle mesure elle lui fait confiance.

Brian Balfour, ancien responsable de la croissance de HubSpot, a créé un schéma simple pour classer les tests en fonction d'un ensemble de six facteurs :

Coût : combien vous pensez devoir dépenser pour exécuter le test en question ?

Ciblage : à quel point il est facile d'atteindre votre public cible et à quel point vous pouvez être précis dans les destinataires de votre test ?

Contrôle : le niveau de contrôle que vous avez sur l'expérience. Pouvez-vous apporter des modifications au test une fois qu'il est en ligne ? Pouvez-vous l'arrêter facilement ou l'ajuster s'il ne se passe pas bien ?

Temps d'entrée : combien de temps il faudra à l'équipe pour lancer l'expérience ?

Temps de sortie : combien de temps il faudra pour obtenir les résultats du test une fois qu'il sera en ligne ? Par exemple, les expériences d'optimisation des moteurs de recherche ou les médias sociaux peuvent avoir des temps de sortie plus longs qu'une publicité radio.

Échelle : quelle est la taille de l'audience que vous pouvez atteindre avec l'expérience ? La télévision a une échelle beaucoup plus grande que la publicité sur un blog.

Notez chaque canal par facteur de 1 à 10, puis faites la moyenne des résultats et classez-les.

3. Aperçu des idées

Ici nous allons regarder la faisabilité de l'expérience. Comment les tester ?

Comment mettre en place des nouvelles expérimentations clients (NUX) ?

Disposez-vous des bonnes équipes ? Collaborateurs, agences web-marketing…

Disposez-vous de la techno ? CRM, applications…

Bref nous étudions ici les moyens actuels et futurs en cas de forte croissance.

Trop souvent après une campagne de GH, nous devons arrêter faute de pouvoir produire suffisamment en qualité : problème d'organisation, de recrutement, de formation, de fournitures…

Après la pandémie, beaucoup d'entreprises se sont lancées dans une stratégie GH, avec mes experts. Certaines d'entre elles ont dû stopper, faute d'approvisionnement des fournisseurs, liés aux pénuries.

Combien coûteront les tests ?
Combien de temps faudra-t-il pour mettre en place les tests ?
Combien de temps faudra-t-il pour recueillir les résultats ?
Dans quelle mesure les tests cibleront-ils les clients souhaités ?
Dans quelle mesure le test est-il flexible ?
Combien de sujets pourrez-vous tester ?

4. Travail

Go, Go. Sur le Trello de votre Projet (ou autres outils) les tâches sont réparties, mises en orbite sur votre calendrier Outlook ou Google. Chacun sait ce qu'il a à faire et quand. Une organisation qui demande de la rigueur et de la discipline. Chaque maillon de la chaîne est indispensable.

Créer un *backlog* : *To do list, In Progress, Done* avec votre outil, type Trello.

5. Étudiez les résultats

Et valoriser les winners : par une communication du « *YES, we can* »

Cette étape consiste à analyser les résultats de vos expérimentations et voir si elles ont eu suffisamment d'impact sur votre OMTM.

Nous avons comme devoir de diffuser les succès sur son intranet, chat, email, en réunion… avec un WIN ou un YES, pour encourager les équipes.

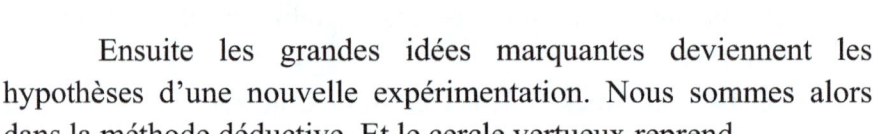

Ensuite les grandes idées marquantes deviennent les hypothèses d'une nouvelle expérimentation. Nous sommes alors dans la méthode déductive. Et le cercle vertueux reprend.

L'objectif est d'expérimenter rapidement différentes tactiques marketing, commerciales, publicitaires, décisions de conception Web et autres tâches pour convertir rapidement des suspects en prospects, puis clients et enfin ambassadeurs.

Certaines de vos expérimentations échoueront !!! PARFAIT !!!

Il faut en finir avec la peur de l'échec, des remontrances du N+1, de la hiérarchie autoritaire jacobine… Parce que ces échecs n'en sont pas. Il faut en tirer des conclusions. Ils permettent de rebondir rapidement sur une autre action. La tactique reste la même. Un échec est un succès car il permet d'invalider de mauvaises options et par conséquent de se rapprocher d'autres canaux ou d'autres messages qui seraient beaucoup plus efficients. Organisez même des « *Fails Party* », afin de conjurer le sort.

LA ROUE EXPERIMENTALE

"La vie est une expérience. Plus on fait d'expériences, mieux c'est.", **Ralph Waldo Emerson**.

Semaine 5 à vie : Le GH devient culturel.

N'oubliez pas le message essentiel :

Vos discours, vos sites web, vos posts…où l'on parle de VOUS et que de VOUS… C'est de la vanité… Tout le monde s'en fout. Le client n'écoute que lui… Et les solutions à ses problèmes.

Pendant 5 semaines les process d'idéation feront référence à la RX, Roue eXpérimentale®. Cette dernière deviendra aussi familière à vos équipes que le process de la méthode. Vous voilà parti pour 10 ans.

"GH est un soleil autour duquel tournent les Growth hackers.", Sean Ellis.

On ne fera pas de vous un expert LinkedIn, un Jean Claude Convenant de la vente, un loup de Wall Street de la finance, un expert-comptable… Mais vous connaîtrez au moins 20% de chaque bulle. Quel y est le langage parlé ! Les impacts ! Le minimum syndical. Les tenants et aboutissants de chacune des stratégies.

Lors de multiples conférences, Sean propose sa roue, son soleil. Chaque bulle de cette roue est aussi importante que l'autre. Aucune ne doit être négligée, de la connaissance des techniques de bases des commerciaux (3X3.30, *closing*…) à la technicité absolue d'un très bon SEO (H1, *Keywords*, métadescription...), en passant par le réseau de journalistes, la présence dans les salons et de très très nombreuses autres.

Le GH est pour : « *tous, du développeur produit, des ingénieurs, des designers, des commerciaux, des managers... pas seulement pour les marketeurs... il est pour les grosses entreprises comme pour les start-ups, ... les plus grands projets comme les plus petits.* ", Sean Ellis.

La roue décrite ci-dessous est une large interprétation de celle de Sean.

Regardons dans le détail.

En orange, nous trouverons les stratégies de communication.

En rouge, l'hyper-technicité de votre SEO mais aussi de vos contenus sur les réseaux sociaux ou de vos ADS.En gris, la très technique *Data analyse.*

En bleu, les stratégies marketing.

En vert, et trop souvent négligé dans les stratégies GH, le rôle du commercial... plus si archaïque que certains voudraient le laisser croire et au combien central dans sa résonnance terrain. Mais aussi le business development. Encore chasse gardé de l'entrepreneur.

Mais aussi *affiliate & existing program.* Des influenceurs aux marketing de réseau, les réseaux, les conférences, RH, produits...

La RX, Roue eXpérimentale®

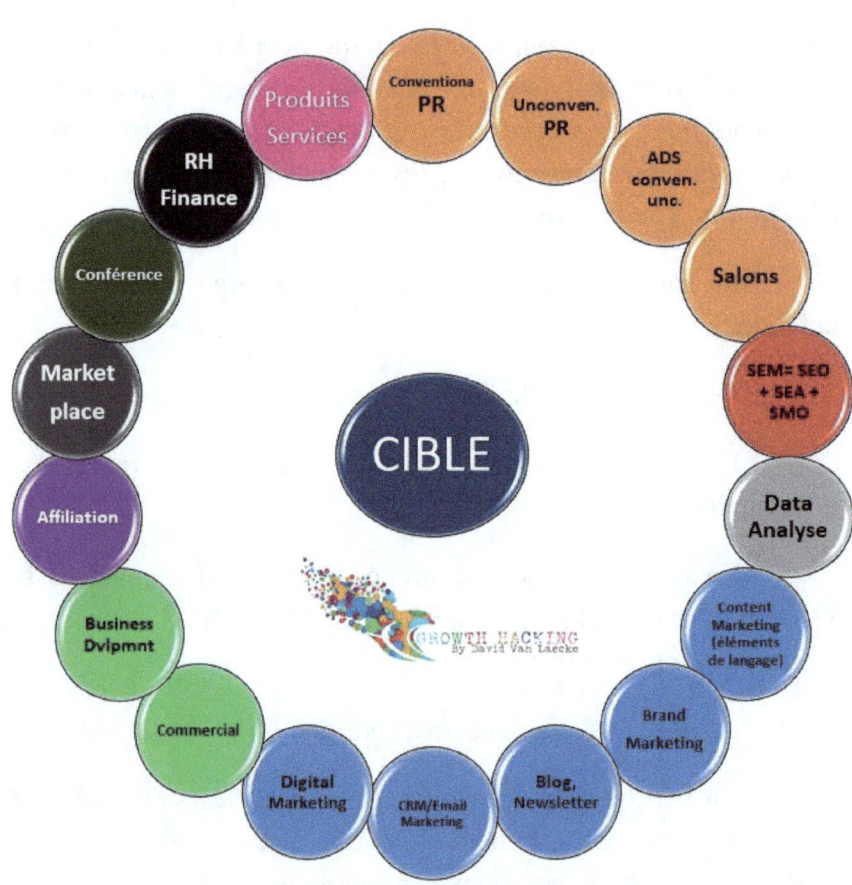

de David Van Laecke

Stratégie de communication : Relation Publique, publicités et salons

"Recevoir un grand nombre de journalistes est un plaisir. Un petit nombre un ennui. Un seul d'entre eux : un supplice.", **De Gaulle**.

En 2020, la presse française c'est :

- 9 millions d'exemplaires diffusés & 77 millions de visites enregistrées chaque jour sur les sites. La Presse grand public représente 95% de la diffusion.

- 3,6 millions d'exemplaires de Presse Quotidienne Régionale vendus en moyenne par parution & 23 millions de visites quotidiennes.

- 35 millions d'exemplaires de la presse hebdomadaire régionale vendus au total en France.

Conventionelle :

Attirer l'attention par des articles, des interviews TV… dans les médias traditionnels. Là où toute la concurrence apparaît aussi. Parce que c'est 'logique' d'y être... Et ne nous cachons pas derrière des excuses, c'est aussi super bon pour l'Ego du dirigeant et de ses équipes.

Il s'agit d'articles de presses, de passages TV… préparés à partir de communiqués de presse… Bref du travail, toujours aussi essentiel, souvent sous-traité à des agences spécialisées. C'est un métier qui ne s'improvise pas. Faire appel à des pros est largement recommandé.

Non conventionelle :

1. Ailleurs

Tous nos concurrents occupent la plupart du temps les mêmes *channels* que nous dans le *conventional PR*. Alors pourquoi ne pas être seul dans une *channel* avec moins d'audience ? Pourquoi ne pas aller faire de la presse en ciblant une partie de votre clientèle ? Dans le magazine des plombiers, par exemple. Ou sur un blog des sociétés d'événementielles.

2. Autrement

De plus, regardez le discours de vos concurrents et de leurs produits/services. Ils sont tous très bons, leurs produits sont les meilleurs, les équipes au top, leurs services révolutionnaires... comme les vôtres d'ailleurs. Alors changez, révolutionnez votre com !

Parlez de vous et pas de votre produit... Avez-vous déjà serrez la main à un logo ? Non. Ce qui est unique dans votre entreprise c'est vous, vos valeurs et vos Hommes. Le *unconventional*, c'est aussi être décalé dans les messages du *conventional PR*.

Publicités :

Investir dans la publicité traditionnelle (pas les ADS digitaux), reste une valeur sûre si c'est bien fait et mesuré. Privilégier toujours les publi-reportages ou la pub avec un article en échange.

Le PR est une communication traditionnelle qui a su faire sa révolution. Faites-vous aider par des agences pros.

Attention les ADS Google, FB sont encore un mystère pour nous. Une même campagne pourra donner de très bons résultats…Comme être un désastre.

Les salons

Eh oui !

Que l'on soit dans le BTB, BTC, e-commerce, international ou local… les salons restent le lieu de rencontre entre les clients et les entreprises.

Pendant la « pandémie », vous avez pu constater le désastre parmi vos collaborateurs avec la coupure des liens sociaux. Le ras-le-bol de vos équipes avec les Zooms et autres Teams.

Les avantages sont multiples :

Un entraînement par le *drill* de vos commerciaux… et de vous sur le terrain en intensif.

Un test grandeur nature de vos effets waouh et de vos éléments de langage.

Le développement de votre *branding*.

L'attention et la récupération de leads.

La présentation de vos nouveautés.

Voir les tendances du marché, les arguments de vos concurrents…

Etendre son réseau.

Y trouver des fournisseurs.

Attention un salon ne s'improvise pas. Outre le stand (Mur, table, comptoir, images, TV…), meilleur emplacement dans le salon…Il faut aussi communiquer sur votre présence au salon et pendant le salon, préparer ses éléments de langage, se fixer des objectifs, ne pas avoir peur d'être un bateleur, tenir 2 à 10 jours, assurer les cartes de visite et autres brochures et goodies…

Vous l'aurez compris c'est une grande dépense d'énergie et souvent un important budget. Vous serez lessivé, rincé mais le travail n'est pas fini.

A l'issue du salon, débriefez et organisez la relance des suspects et prospects.

Et vous comprendrez, à ce prix, que les salons ont encore de beaux jours devant eux.

CES de LAS VEGAS en 2017

SEM & Site web

Le **SEM** (pour *Search Engine Marketing* – Marketing sur les Moteurs de Recherche) est un terme global prenant en compte toutes les techniques visant à améliorer la visibilité d'une entité (site, entreprise, personne...) sur les moteurs de recherche. Par conséquent, le SEM est un regroupement de techniques marketing (SEO, SEA et SMO) et non une technique marketing en soi.

Le **SEO** (pour *Search Engine Optimization* – Optimisation pour les Moteurs de Recherche) n'est rien d'autre que le référencement sur internet dit « naturel » et technique.

C'est à dire toutes les techniques qui visent à améliorer le positionnement d'un site internet dans un moteur de recherche tel que Google par exemple.

Le SEO porte son action sur trois piliers : la technique, le contenu et la popularité. Il est nécessaire d'agir sur ces 3 piliers afin d'améliorer la visibilité d'un site sur internet.

La **technique** concerne tout ce qui est en rapport avec les performances d'un site (serveur, technologies utilisées, langages de programmation utilisés, métadescription, H1 H2 H3…).

Le **contenu** concerne lui le cœur du site : ses textes, ses images et ses vidéos. C'est la matière du site et ce qui est directement proposé aux internautes. Un bon contenu est exhaustif, unique et original.

Enfin la **popularité** concerne les mentions que font des sites tiers vers un autre site internet. Pour illustrer, un bon contenu sera probablement repris sur d'autres sites internet et partagé. Cela est un indicateur fort de popularité et donc de qualité pour un moteur de recherche. Un site obtenant beaucoup de liens entrants pertinents sera perçu comme un site de qualité. La maîtrise du référencement n'est pas une chose aisée. Elle requiert de l'expérience et une formation adaptée. C'est une affaire de pros.

Il existe de très nombreux outils pour connaitre son SEO : Grader, Semrush… et pour l'améliorer directement dans WORPRESS, par exemple avec Yoast.

Libre à vous de choisir celui qui vous convainc le mieux.

Voici un exemple de SEO, correct : 22 points parmi plus de 250 à vérifier

- Liens externes : Bon travail !
- Maillage interne : Vous avez assez de liens internes. Bon travail !
- Requête dans l'introduction : Parfait !
- Longueur de la requête : Bon travail !
- Densité de requête : La requête cible a été trouvée 6 fois. C'est très bien !
- Requête dans la méta description : La requête ou son synonyme apparaît dans la méta description. Parfait !
- Longueur de méta description : Parfait !
- Requête déjà utilisée : Vous n'avez jamais utilisé cette requête, très bien.
- Requête dans les titres : 3 de vos titres H2 et H3 reflètent le sujet de votre contenu. Bon travail !
- Textes alternatifs : Bon travail !
- Longueur du contenu : Le contenu a une longueur de 336 mots. Bon travail !
- Requête dans le titre : Les mots de votre requête apparaissent au début de votre méta titre. Bon travail !
- Longueur de méta titre : Bon travail !
- Requête dans le slug : Bon travail !

Améliorations (1)

- Test de lisibilité Flesch : Votre contenu obtient 57.1 au test, ce qui est considéré comme assez difficile à lire. Essayez de faire des phrases plus courtes pour améliorer la lisibilité.

Déjà optimisé (6)

- Voix passive : Vous utilisez suffisamment la voix active. C'est super !
- Phrases consécutives : Il y a suffisamment de variété dans vos phrases. C'est super !
- Hiérarchie des titres : Bon travail !
- Longueur des paragraphes : Aucun de vos paragraphes n'est trop long. Bon travail !
- Longueur de phrase : Très bien !
- Mots de transition : Parfait !

Le **SEA** (pour Search Engine Advertising – Publicité sur les Moteurs de Recherche) définit ce que l'on appelle couramment le référencement « payant », les ADS Google, FB... Il concerne en réalité la publicité diffusée sur un moteur de recherche.

Google en est le meilleur exemple avec sa célèbre régie publicitaire Google Ads. Vous remarquerez en effet que pour certaines requêtes, des résultats dit sponsorisés (« annonces ») apparaissent sur le moteur de recherche. Ce sont des emplacements publicitaires achetés.

Le **SMO** (pour Social Media Optimization – Optimisation des Médias Sociaux) comprend toutes les activités visant à développer la visibilité d'une entreprise au travers des médias sociaux. Le poids de ces derniers n'est pas toujours évident à appréhender lorsque l'on se concentre sur les moteurs de recherche. En effet, si YouTube et Google ont un poids certain, celui d'autres médias sociaux tels que Facebook, Twitter, LinkedIn, Tik Tok... est à préciser selon vos produits/services.

Le SMO est aussi une stratégie de *Content Marketing*. Être présent sur les réseaux, pas seulement en termes de vitrine, mais aussi de contenus pertinents. Il s'avère que cela requiert une grande technicité sur comment LinkedIn fonctionne par exemple. Les algorithmes des uns et des autres sont totalement différents. Ils sont changeants et souvent difficiles à appréhender. Voir impossible. Par exemple, suivant le serveur où se trouve votre profil LinkedIn, certains fonctionnent bien en Business et d'autres non... et vous n'y pouvez rien.

LinkedIn. Xavier Petitpez (prononcer à la Catalane) a largement contribué à ma formation sur LinkedIn. Voici ici une transcription des choses qu'il m'a apprise. Sachant que certains propos sont de moi et il n'est pas forcément en accord avec tout.

Il aura fallu du temps à la France pour apprécier la force de ce réseau social. Et encore aujourd'hui certains le prennent pour un Facebook entre amis. On s'en fout des copains. Ou alors ils sont influenceurs de votre marque ou relais.

Attention aussi, les français ont tendance à être excessifs. J'ai déjà vu des entreprises licencier des commerciaux au profit de LinkedIn Prospectin.

Sauf que LinkedIn est une machine à louper 99% de vos cibles. 50% n'y sont pas. Et 80% d'entre eux n'y vont que 2 fois par semaine. Donc ils loupent vos posts.

Donc OUI, faites du LinkedIn… mais pas exclusivement !

Et imaginez-vous que vous êtes constamment dans un salon pro ou dans un club de dirigeants quand vous surfez sur LinkeIn. Alors postez comme dans la vraie vie. Et parlez comme si vous aviez un auditoire en face.

Ce que je raconte ici est fonction de l'update de l'algorithme de 2020. Avec notamment la prise en compte du *'dwell time'*, le temps passé sur un contenu et à interagir avec lui.

L'appli smartphone est à privilégier par rapport au PC. Elle dispose de plus de fonctionnalités (Story, 3 000 caractères VS 1 000).

LinkedIn, **aujourd'hui** c'est :

20 millions de membres inscrits en 2020 (soit près de 64% de la population active !).

10 millions d'utilisateurs actifs par mois en 2019.

13,5 millions de visites uniques par mois et 2,2 millions par jour en 2019.

55% d'hommes, 44% de femmes.

Un âge moyen de 44 ans.

46 millions d'étudiants et de jeunes diplômés.

Plus de 30 millions d'entreprises inscrites.

17 minutes passées en moyenne par mois sur le réseau.

Plus de 70% des membres se trouvent en dehors des USA.

130 000 publications par semaine.

94% de professionnel en BtoB.

50% des acheteurs BtoB qui utilisent LinkedIn pour prendre des décisions d'achat.

Le réseau social qui conduit le plus de trafic vers les blogs et les sites BtoB

Quelques **astuces** possibles à l'heure où j'écris. Qui ne le seront peut-être plus à l'heure où vous lirez ces lignes.

. 3 facteurs sont déterminant pour votre audience :

35% la taille de votre réseau. 20% le nombre de mots (80% des posts font moins de 92 mots et sont sans émojis ▢) . 2% les émojis.

. Pour atteindre 100 likes vous avez 7% de chance avec moins de 74 mots et 20% avec plus de 232 mots. A 150-170 mots l'inflexion commence à jouer. ▢

. L'algorithme ne perçoit pas les émojis, alors GO. Usez-en. 16 émojis permet d'optimiser son post. Avec 1 émojis vous avez 4% de chance de faire 100 réactions.

. Il y a 50% d'engagement en plus pour les publications qui se terminent par une question.

. L'ajout de compétences à votre profil augmente vos vues de profil de 1,70%.

. Les # : entre 3 et 9. Pas plus. Et pas plus de 5 personnes mentionnées. Sinon, faites-le en commentaires ou dans les photos.

. Les entreprises qui publient 20 fois par mois, en moyenne, atteignent 60% de leurs abonnés.

. Regarder gratuitement votre score sur SSI de sales Navigator de LinkedIn.

. La publication d'un membre ayant le label LinkedIn Influenceur reçoit en moyenne 130 000 vues.

. Votre bannière est extrêmement importante. Elle ne doit pas être belle, mais techniquement optimisée.

. Idem votre photo de profil, doit avoir des couleurs flashy et en PNG. Elle doit être le reflet de qui vous êtes et en adéquation avec votre stratégie communication et

Branding.

. Votre Headline doit comporter un max de mots clés, que vous pouvez accoler à votre nom aussi.

. Faites des recommandations et demandez-en.

. LinkedIn fonctionne par serveur. Entre 0 et 500 connexions (contacts) vous n'avez aucune visibilité. Entre 501 et 1005, vous êtes sur un serveur avec 18% d'exposition (Soit 18% de vos contacts voit en première page vos posts). Entre 1006 et 5000 (vous pouvez avoir en moyenne 35% d'exposition).

. Dans votre description soyez claire et simple et utilisez des émojis.

. Vérifiez votre URL et enlever les chiffres s'il y en a.

. Orienté le discours 100% clients.

. Le statut de créateur amène 32% d'exposition. (Même s'il fait débat à l'heure où j'écris ces lignes)

. La moyenne des Like en France : 17.8. La moyenne des commentaires : 2.1. Donc pas de stress.

. 3.6% seulement des contenus obtiennent plus de 100 réactions (commentaires + likes).

. 15% des posts sont commentés plus de 2 fois. 50% plus de 3 likes.

. 51% des posts sont écrits par des personnes ayant moins de 1400 contacts. A ce niveau vous avez 2% de chance d'avoir 100 réactions. 7% avec 4460, 11% avec 9955 et 19% avec plus de 23 000 contacts.

. Publiez un post par jour 📅. Et arrêtez de débuter par 'Bonjour !' Attention le rythme d'un post par jour de semaine est difficile ; Et dès que vous réduirez ce rythme LinkedIn réduira votre visibilité. Donc commencez par l'habituer à 3 posts par semaine et ensuite vous verrez.

. Le calcul des vues d'un post commence à 3 secondes. Un carrousel qui comporte 5 pages et 1000 vues, comptabilise en fait 5 000 vues.

. Entre 100 et 300 vues : Médiocre

. 400 vues : Performance OK

. 1000+ vues : Performance très bonne

. 3000+ vues : Vrai buzz !

. 5% de like / vues : Médiocre

. 10% : Correct

. 15% et plus : Très bon

. Ne pas confondre nombres de vues et EGO ! *Vanity Metrics*

Bien entendu, plus les contacts qui **likent** vos articles ont eux-mêmes beaucoup de contacts, plus les vues générées par la suite seront nombreuses. C'est le principe des 3 niveaux. Si ton niveau 1 like ton post, tu bénéficies de X% de ses followers. Et si ce dernier like aussi, tu bénéficie aussi de ses X% de vues.

Donc imaginez si demain vous créez des groupes d'entraide, des mini communautés, des **POD** ? Ce que

LinkedIn réprime durement.

Plus inattendu : Plus vous obtenez vos likes / commentaires tôt durant les 48 premières heures, plus ils porteront, c'est à dire génèreront des vues. Le TOP est la **première heure**. Alors choisissez bien votre jour et votre heure. Le samedi à 3h00 du mat n'est pas judicieux… sauf à vouloir contacter Los Angeles. Et surtout restez devant votre appli pour interagir de suite. Sinon LinkedIn vous flingue.

Un article déjà **repartagé** X fois sera pénalisé. Il n'apparaitra pas sur le mur de toutes vos relations. En fait, plus la date de 1ère publication s'éloigne, et plus le nombre de repartage par vous-même est élevé, plus c'est vrai. Inutile donc d'espérer des tonnes de vues supplémentaires en repartageant un article vieux d'un an.

Les **commentaires** - qui s'incrémentent sous l'article - semble favoriser l'algorithme et donc le nombre de vues. Donc cherchez à susciter le maximum de commentaires. Et répondez systématiquement à ces commentaires, même si c'est juste pour remercier !

Plus vos articles sont en adéquation avec votre **typologie** de relations, plus les performances seront faciles à atteindre. Par exemple, si j'ai un propos très IT et que je n'ai que des éleveurs de licornes dans mon réseau, bon courage !

Arrêtez la **prospection** robot. Faites de la qualité et de l'authentique. Ne jouez pas celui que vous n'êtes pas ! Sinon cela va transpirer dans vos posts. Et pitié moins de 100 invitations par semaine…sinon vous passerez pour un robot à votre tour... Et LinkedIn vous sanctionnera.

Quand vous prospectez sur Lyon et que vous êtes comme moi de la Drôme, changer votre lieu dans les coordonnées.

Apprenez à utiliser les méthodes : boule de neige, taxinomie de BLOOM en mode LION[14], AIDA (Attention Intérêt Désir Action) en une fois ou en 4 posts, recherche (de vos mots clès, interagir en commentaires...

Pour l'écriture de vos posts. Vous avez travaillé précédemment vos effets Waouh et donc vos nouveaux éléments de langage. Vous avez le choix maintenant entre txt + JPG/ Sondage / carousseI / Infographie / vidéo (8 secondes min)

Les outils sont très nombreux. Le plus célèbre est Canva. Pour votre photo de profil, vos bannières, vos carrousels...

CLUBHOUSE :

Depuis son lancement en 2020, l'application Clubhouse créée par la société Alpha Exploration Co, parle et fait parler d'elle. Accessible uniquement sur IOS à ses débuts, 23% des français au premier trimestre 2020, possédant un iPhone, faisaient déjà partie du réseau.

L'application est basée exclusivement sur l'audio. Les participants se retrouvent dans des *"rooms"* classées par thèmes, pour écouter des podcasts ou bien partager leurs idées en temps réel. Chacune des *rooms* peut accueillir 500 participants, mais c'est très rare d'en avoir

---

[14] Méthode de Xavier Petitpez.

autant. Ici, pas d'enregistrement ni de rediffusion, tout repose sur l'interactivité et la spontanéité.

Pour pouvoir y accéder il faut avoir été invité. Le sentiment d'élite et de rareté est une recette qui a toujours séduit les consommateurs en GH.

À travers les *rooms*, un des ambassadeurs d'une marque ou d'une enseigne peut aborder des sujets propres à son domaine et mettre en avant son expertise. Additionnée à l'exclusivité des interventions, cette interaction directe avec sa communauté renforce les liens. En effet, l'idée n'est pas seulement de partager son "savoir", mais aussi de donner la parole aux auditeurs ou aux concurrents et ainsi s'améliorer grâce à leurs commentaires.

De plus, être un des pionniers de l'app représente un réel avantage en termes de connaissance des codes. Il est donc simple de devenir une personne influente et créer ou tester des concepts *rooms* dans le futur.

Pour Sean Ellis, c'est une appli du COVID qui va mourir avec le déconfinement : « *Ce n'est tout simplement pas comme ça que je veux passer mon temps et beaucoup de 'rooms' semblent futiles. Je pense que ça a comblé un vide pendant les confinements mais ce vide n'est vraiment plus à l'ordre du jour.* »

Avec mes experts, nous nous posons la question suivante : Comment vont-ils se remettre en question avec la culture du GH ?

Facebook vs Instagram vs Tik Tok :

LinkedIn reste le social media des pros par excellence.

Les autres sont dédiés à vos cibles B to C.

Comme pour le reste peu importe votre choix…. Consacrez y du travail. Rien ne s'improvise. Rien de se fait vite fait.

Instagram c'est au moins 4 photos par jour… Sinon le faites pas.

Tik Tok… 2 vidéos par jour… Sinon ne le faite pas.

Facebook… 1 post par jour… Sinon ne le faite pas.

On as vite fait de tomber avec ces réseaux sociaux dans le Vanity metrics. Alors restons gardons la tête froide avec tout cela.

Dernier volet des *Social Medias* : la prospection. Il existe de nombreux outils afin de l'automatiser si nous voulons faire de la prospection industrielle. Comme chez LinkedIn : Compte Premium (Business ou vente), Sales Navigator, ProspectIn… Attention cependant chaque SM aujourd'hui va privilégier son propre outil au détriment des autres… et les channels détestent les robots.

Bien entendu plutôt que de la prospection en dure ou par robots sous forme de campagne, nous privilégierons toujours d'attirer l'attention d'un suspect par du contenu pertinent et une communication personnelle directe.

En plus du SEM votre site doit répondre au minimum syndical :

- Être responsive.
- Alimenter un blog d'actualité.
- Rassurer le prospect avec des LOGO PORN[15], les logos de gros clients, des prix obtenus, des associations du type réseau entreprendre, CJD, des partenariats, de vos formations, de vos diplômes…
- Posséder, si cela convient à votre activité, la possibilité de prendre un RDV en direct.
- Posséder un live chat ;
- Avoir le moins de slides possibles (2 max). Ne faites pas comme tout le monde de mettre un slide par activité. Moins il y a de slide, plus vous serez concentré sur le click to action et le message direct. Le 8 secondes pour comprendre. Rester focus sur votre *North Star*.
- Editer des *landing page*s, régulières, afin de faire des offres ou des focus sur des activités.
- Avoir des *testimonials*… réels. Proposer à vos clients de mettre des *reviews* de leurs effets Waouh. (Voir Référant)
- Des Pop-ups de dernières minutes pour des offres, des news…
- Lancer des jeux, avec un gain à la clé.

N'oubliez pas non plus de soigner votre signature mail :

Photo

---

[15] Terme de Ross Davies

Prénom et Nom
Rôle dans l'entreprise
Compétence principale
La valeur que vous apportez à vos clients, votre North Star.
Vos points de contact : réseaux sociaux, téléphone, email et site internet
Un joli Call to Action pour driver du trafic vers votre objectif du moment.

Bref Rome ne s'est pas fait en un jour. Et chaque stratégie de social media, de commerce, de marketing direct, de com… demande des ressources Hommes importantes, des budgets importants… Tout faire d'un seul coup demande soit des dizaines de milliers d'euros en sous-traitance, soit des ressources en interne inouies…Soit dans la quasi-totalité du temps… **Au moins 3 ans pour lancer des SM, un site et des commerciaux de terrain**.

En dessous c'est l'assurance de perdre son temps pour des résultats insignifiants.

Datas Analyse

Voilà une affaire d'experts.

C'est un métier très compliqué qui demande de vraies connaissances en statistiques, en comportement clients et en analyses fines et techniques.

Souvent c'est introuvable en une seule personne. Il faut donc passer par une agence, avec au moins 3 experts. Refusez les

agences monos salariés.

Tout le secret du GH réside dans ces chiffres.

Si vous étudiez les mauvais chiffres, votre stratégie complète est à mettre à la poubelle. Idem si vous ne savez pas les analyser ou en tirer la substantifique moelle…

Les sources de données sont infinies et vont des rapports

FEVE (Fiche d'événements) de vos commerciaux terrains jusqu'à *Google analytics*.

La data analyse c'est aussi, savoir qui sont nos clients, comment ils achètent, qu'achètent-ils....? Votre CRM et/ou gestion commerciale sont le pilier de votre Data.

Se concentrer sur nos forces, nos datas ne signifie pas non plus oublier la concurrence. Leur Intelligence Collective est aussi forte que la votre... Surtout s'ils sont passés par moi pour mettre en place la culture de Growth Hacking au sein de leur entreprise.

Les stratégies Marketing

Pour la bulle Digital Marketing, il faudra se référencer au SMO.

Eléments de langage (Content Marketing)

Le Content Marketing est essentiel dans une stratégie GH. Il permet d'améliorer votre SEO, de travailler votre *branding*, de parler de tous vos produits et services et d'attirer l'attention pour du *leads*.

Le content marketing est votre. Sous-traité son content est une hérésie.

Après avoir recentré votre entreprise sur les clients et leurs comportements vous voilà fin prêt pour proposer du contenu avec pour objectif : L'effet WAOUH !

Vidéo

Certes les vidéos de produits sont toujours excellentes pour vendre les particularités. Celles pour montrer son utilisation aussi.

Mais de plus en plus les produits se ressemblent. La concurrence est rude. Alors pour les entreprises de services mais aussi pour le hardware, montrez-vous ! Vous et vos équipes. Vous et vos valeurs ! Vous et votre bonne humeur ! Vous et votre positive attitude ! Parlez de vous, de vos valeurs, de votre histoire, c'est aussi parler de votre entreprise. C'est aussi donner du sens à vos produits.

Pour mesurer l'impact de vos vidéos utilisez Wistia.com, par exemple. Ne jamais oublier de tout mesurer !

Le *content marketing* chez Les Compagnons IT.

En janvier 2021, à mon retour des 5 ans aux USA, j'ai arrêté la communication sur nos produits et services. Nous disions que nous étions un service de proximité, que nos produits étaient bons... Bref du copier-coller de la concurrence. Nous faisions bon an mal an 135 vues sur LinkedIn.

Nous sommes passés à 3 000 vues à chaque fois que je parlai de moi et de mes aventures. Avec en filigrane, nos valeurs.

Cyril, l'un des co-auteurs, le jour où nous nous sommes rencontrés m'a dit : « *J'ai assisté à une de tes conférences. Un incroyable storytelling. Un vécu en Growth Hacking unique. Mais quelle déception quand j'ai cherché à te connaître sur le net : Rien, le néant.* »

Avec son aide nous avons alors décidé de capitaliser sur la marque : David Van Laecke, en créant des pages LinkedIn, Facebook, site internet...un *branding* DVL.

Branding Marketing

L'objectif du *branding* est de fédérer les clients autour de vos valeurs et de créer un univers immédiatement identifiable pour vous démarquer de la concurrence. Votre personnalité et votre identité doivent transpirer.

Revoir tout le chapitre *Content* pour les Channels (infographie, podcasts, vidéo, storytelling, réseaux sociaux, radio, TV, blog…).

Le Brand doit vous aider à créer une marque intemporelle pour garantir sa pérennité.

Le Storytelling devra alors être une compétence interne ou en agence spécialisée. Sur la base de l'histoire de votre entreprise, de ses forces et faiblesses, son savoir-faire, votre vision, vos valeurs… Et vous le savez maintenant : Vos effets WAOUH. Cette composante du *branding* inclut aussi l'expérience d'achat en ligne ou en magasin, le service après-vente, et les employés de l'entreprise.

Le *branding* c'est aussi, le nom et l'identité visuelle :

. Le logo

. La typographie

. Les couleurs

. Votre site web

. Les objets promotionnels

. Vos entêtes de lettre, cartes de visite, enveloppes, etc.

. Votre punchline, slogan…

Ne pas oublier non plus l'identité sonore pour représenter votre marque.

Le *branding* c'est aussi vos produits ou services.

De par son originalité ou son avantage compétitif, son prix, ses caractéristiques ou sa forme, le produit ou le service est une composante fondamentale du brand marketing. Cette première idée façonne souvent l'image que les consommateurs conserveront de vous.

Pour l'entreprise, le *branding* :

- Favorise la confiance des investisseurs.
- Instaure un sentiment d'appartenance créé par la notoriété et la culture d'entreprise.
- Permet souvent d'augmenter la marge bénéficiaire et de justifier par exemple des prix plus élevés. Regardez les prix d'une paire de Nike !
- Donne du poids à l'entreprise lors de négociation avec les distributeurs et autres partenaires.

Les fonctions marketing et économique du *branding* :

La fonction aspirationnelle : il s'agit de donner une raison supplémentaire aux consommateurs d'apprécier la marque, au-delà du produit. Pour son univers, ses valeurs, ses prises de positions culturelles, etc. Il crée un lien de confiance.

La fonction dite relationnelle et identitaire : le brand marketing amène le consommateur à construire son mode de vie et ses projets à travers les marques de produits qu'il achète. Ainsi le consommateur, s'identifie à travers les codes, le style ou l'image que transmet la marque.

La fonction dite transactionnelle : devant la multitude de marques parmi lesquelles le consommateur doit choisir, le *branding* vient faciliter l'acte d'achat en réduisant l'incertitude du consommateur.

E-mailing et Phoning

99% des *cold emailing* (*"outreach emailing"* ou *"drip emailing"*) ne sont pas lus ou partent en spam ou à la corbeille après ouverture ! Et alors ? Il reste 1%.

Pour un coût toujours ridicule et une prise de risque ultra-faible. Alors pourquoi s'en priver ?

Dans le cadre du RGPD, vous devez fournir un moyen de désabonnement aux destinataires. Attention toutefois à bien utiliser uniquement des adresses professionnelles.

Pour faire simple, voici les quelques éléments que la CNIL vous demande d'inclure dans vos emailings BtoB :

- Des informations suffisantes sur l'identité de votre entreprise à l'aide de votre politique de confidentialité (CGU).
- Un lien de désabonnement.
- L'objet de votre sollicitation doit être en accord avec la profession de la personne démarchée.

Quelques conseils :

Il est de coutume de dire qu'à 8h00 et 15h00 le taux d'ouverture de mails est plus élevé.

70% des cibles cherchent à résoudre des problèmes et seulement 30% à gagner quelque chose en BTB. Travaillez vos mails en conséquence.

Travaillez l'émotion avec un ton vif et sans bla-bla. Droit au But ! Moins de 150 mots.

Ne faites plus d'emailing commercial mais de prospection pour essayer d'obtenir des RDV quali.

Et pitié parlez de vos prospects et pas de vous ! L'idéal est de s'adresser directement à la personne.

Prévoyez de faire 5 à 10 emails différents pour tous les tester. *A/B testing.*

La séquence :

J-1 : Envoi de l'email n°1 ;

J-3 : Si pas de réponse au précédent message, envoi de l'email n°2 ;

J-7 : Si pas de réponse au précédent message, envoi de l'email n°3 ;

Etc.

N'oubliez pas l'heure des analyses. 4 grands KPI's : Les taux d'ouverture, de clic, de réponse et de rebond. Un bon taux d'ouverture se situe entre 30 et 70 %. Passé sous la barre des 30% et posez-vous les bonnes questions.

Un bon taux de réponse se situe quant à lui entre 8% et 20%. Passé sous la barre des 5% il faudra également revoir la campagne.

Un taux de transformation suspect/client à 1% est très bon.

Et surtout répondez à ceux qui vous écrivent… Cela va mieux en le disant. Parce que je le vois encore trop souvent. Surtout quand il s'agit de réponses très critiques, on a tendance à faire l'autruche.

Arrêtez avec les adresses noreply@XXX.com. Si vous ne voulez pas communiquer avec vos clients dites leurs plus simplement. Qui n'as jamais senti la frustration de ne pouvoir communiquer après la réception d'un mail *noreply* ?

Les *Cold calls*

98% des *Cold calls* n'aboutissent pas à une vente ! Et alors ? Il en reste 2%.

69% acceptent de prendre la personne au téléphone et d'entamer une discussion et 82% de ces derniers acceptent une rencontre. 2% à 5% finissent en vente.

Pour réussir, le cold mailing et phoning doivent être personnels et non automatiques.

Encore plus pour le *Cold Calling*. Faites des recherches sur qui vous allez appeler. Il s'agit simplement de comprendre qui ils sont, quels sont leurs besoins, les impératifs métier, leurs éléments de langage... Autant d'éléments qui vous permettront de créer un script authentique. C'est en effet lors de ce premier entretien que vous allez bâtir votre relation commerciale. Et toujours bien écrire ce qui s'est dit dans votre CRM.

Petits conseils:

- Prendre son temps ! Pour bien se présenter à haute et intelligible voix. Marquez quelques secondes pour rendre naturelle la conversation.
- Posez-lui une question qui montre que vous connaissez son secteur d'activité.
- Humour et émotions sont les bienvenus.
- Ecoutez-le, Ecoutez-le…

Pour le *cold calling*, utilisez le couplage

CRM/VOIP. C'est-à-dire la liaison entre votre téléphonie et votre CRM. Pour un gain de temps et d'efficacité : *Power dialer* (composition des numéros automatiquement), routage d'appels en cas de rappel d'un prospect directement vers votre collaborateur et relais sur votre mobile pour ne perdre aucun appel.

Vos bases de données sont soit la vôtre, soit vous l'achetez, soit vous la scrappez (extraction de site web).

Le phoning chez les Compagnons IT

En février 2021, pour faire face, à la perte de clients en liquidation, suite au COVID, nous avons lancé en interne un phoning de 6 500 prospects sur 2 mois. 50% de la base était du déchet. 5 clients signés de CA moyen+.

Blog/Newsletter/Landing Page

La machine de guerre indispensable pour booster votre SEO. Mais vous allez aussi générer grâce à eux du trafic, des click & Action, attirer et convertir du *leads*, travailler votre Brand Marketing, fidéliser, améliorer votre maillage interne (liens vers des pages de votre site) …

Si vous êtes poly-activités, un blog permet à vos clients de se rappeler les autres produits et services que vous vendez. Dans ce cas, quoi de mieux qu'un reportage chez un client.

Le Blog est la poudre du moyen âge, la machine à vapeur de la seconde révolution industrielle… Pas de GH sans Blog. C'est l'un des rares conseils que j'édicte en vérité.

Comme pour le reste le travail en amont paye. Vous allez enfin arrêter de raconter ce que vous avez envie de lire. Vos contenus seront orientés clients et plus masturbation intellectuelle du dirigeant. Le Focus client vous impose un tout nouveau *Content*.

Focus sur votre NSM et vos effets Waouh. En avant lâchez les chevaux. Faites des articles pour attirer des suspects, retenir des clients…Les occasions ne manquent pas dans une semaine pour en sortir un hebdomadairement. Allié à des mots clés et vous taperez dans le mille à chaque fois.

Laissez dans vos blogs votre personnalité, celle de vos

équipes. Déborder des sujets pros ! A condition, qu'on y retrouve par un angle ou sous un biais votre activité ou vos valeurs.

Editez tout le temps le même jour à la même heure. Le créneau du lundi 8h00 est déjà pris par des milliers de blogs. Choisissez en un autre !

Au moins deux blogs par mois pour alimenter le référencement naturel de votre site. Et pitié respectez les recommandations techniques d'écriture pour Google.

Ne vous contentez pas d'écrits. Faites des vidéos, des podcasts, des illustrations…

Les *backlinks* sont des liens d'un site A pointant vers un site B et permettent d'augmenter l'autorité d'un site web, et donc sa visibilité.

Si vos articles sont intéressants, vous obtiendrez des liens entrants de manière spontanée vers votre site. Les *backlinks* permettent à Google de constater la pertinence d'un site web.

Evitez à tout prix les techniques visant à tromper les *bots* – dites techniques « *black hat SEO* ». Soyez authentique. N'oubliez que désormais vous vous vendez autant que votre produit.

La **Newsletter** sera privilégiée par rapport au blog, sur la fin du *Funnel*. Avec le blog nous allons attirer. Avec la Newsletter nous allons fidéliser.

Par contre la ***Landing Page***, peut être faite quand bon vous semble. Vous pouvez y proposer des Call-to-Actions pour l'achat d'un produit, des offres spéciales, etc.

Stratégie commercial

Le commercial

Trop souvent le GH en France est synonyme de fin des commerciaux de terrain.

J'entends souvent cet argument : « A quoi bon recruter un commercial, introuvable et qui n'as plus envie de bosser dur, pour 4 000€ brut chargé par mois + voiture +frais réel +Congès… Alors qu'avec une campagne de LinkedIn prospective pour 800€ par mois j'ai les mêmes résultats, avec une présence à 100%… » C'est pas faux… C'est pas vrai non plus.

Etsy, le site de mise en relation des artistes avec des acheteurs, a commencé par inviter les artistes… à des traditionnels déjeuners avec commerciaux. Afin de connaître leurs motivations, … ce qui as permit le lancement du site web. Les petits déjs ont continué par la suite.

Tinder. Whitney Wolfe, sa créatrice, décide au lancement du site d'envoyer une armée de vendeurs sur les campus universitaires, dans les fraternités et les sororités. Le succès a été immédiat grâce au terrain.

Airbnb s'est fortement développé en allant sur le terrain. Après l'analyse des données web, ils se sont aperçus que NY était sous-louée par rapport aux autres villes. La raison : Les hôtes étant certain de louer, ils ne faisaient aucun effort de diffusion de belles photos. Après $5 000 d'achat de matos photo, les voilà partis avec des vendeurs d'appartements chez les hôtes pour rendre sexy leurs locations. 2/3 de plus en booking. Le test a été généralisé à toutes les grandes villes sous-performantes : Vancouver, Paris, Londres et Miami. Même causes même effets.

Un programme avec des photographes pros en vente

d'appartements est alors lancé en 2010. Ils seront 12 000 en 2012 sur le terrain. Au final les locations se verront booker 2.5 fois plus.

Dagoma, fabricant d'imprimantes 3D sur Roubaix. Ils se lancent à Santa Barbara pour conquérir les USA. Je deviens leurs VP Sales & Marketing. J'applique le GH. Nous passons du 92ème fabricant mondial à 6ème en deux ans. Les geeks du monde entier s'équipent alors. Reste à conquérir les familles ! 🤷‍♂️ Nous étions présent sur toutes les market places…. Mais aussi et surtout dans les Boulanger, les Fry, les Walmart… avec des commerciaux terrains chargés de faire des démos aux familles et de s'assurer que tous les jours, dans ces magasins, des imprimantes tournent en démo. Après deux ans et le sentiment du travail bien fait (Avec par exemple un contrat de 400 000€ à Boulanger et de 1 million chez Fry), je quitte pour monter mes entreprises aux USA. Dans le même temps la direction de Dagoma décide de faire du 100% Market place et de virer tous les commerciaux terrain en Europe et aux USA. Deux ans après, ils sont en liquidation judiciaire. Le marché des familles n'a jamais pu être conquis sur une technologie qui fait peur. L'évangélisation de terrain n'aura pas lieu.

Des exemples comme ceux-là j'en ai à l'infini. Le GH n'est définitivement pas la fin des commerciaux terrain mais très souvent sa mise en valeur et son redynamisme.

Pour cela le minimum syndicale est exigé :

1 <u>La CRM</u>

Le BA-BA : Une bonne CRM (*Consumer relationship Management*)

Toutes vos informations clients, en accord avec le RGPD, doivent y figurer. Les données des clients et bien plus :

anniversaire, passions (à trouver sur les réseaux sociaux), dernière visite et ce qui s'est dit d'important ou d'anecdotique …

Une CRM ne sert à rien si elle n'est pas remplie au fil de l'eau (mails automatiquement inclus, notes de vos commerciaux ou de vos marqueteurs…)

2 Des commerciaux formés

Cela semble stupide de dire cela. Mais 80% des commerciaux rencontrés ne le sont pas totalement.

On s'imagine encore trop en France qu'ils n'ont pas besoin de formations continues. Qu'un bon speech et une bonne connaissance des produits et services suffit…Faux et archi faux !

Connaissent-ils les 5W ? (Voir chapitres précédents)

Connaissent-ils Trust = [(Intimacy + Reliability + Credibility) / Selfishness]?

Connaissent-ils le 2 X 3.30. Savoir vendre un RDV, un produit ou un service, selon le contexte, en 3 secondes, 30 secondes, 3 minutes et 30 minutes ? Des exercices qui doivent devenir des 'actes réflexes'.

Connaissent-ils la Vision de l'entreprise, les stratégies, les objectifs …et surtout les éléments de langage des effets Waouh et pas ceux inventés par eux ou la direction ?

Vos commerciaux sont-ils les champions du monde de l'objection ?

Se montrent-ils intéressants avant d'être intéressés en prospection ?

Savent-ils faire un vrai bon *closing* ? Dans mes expériences professionnelles je devais vendre des appartements en défiscalisation à 250 000€ en 3 RDV… et les faire signer à maris… Et femmes.

Connaissent-ils le 4 X 20 ?

1. 20 premières secondes
2. 20 premiers gestes
3. 20 premiers mots
4. 20 premiers centimètres.

Ou les 4A :

Apparence : soigner sa tenue qui doit être professionnelle, élégante et adaptée à la cible.

Attitude : Sa voix et son corps sont vecteurs de communication bien plus que ses mots.

Accroche : préparer sa présentation en 2 minutes maximum, c'est la technique dite de *l'Elevator Pitch*.

Accord : Il s'agit là de la théorie de l'engagement. Il faut rechercher un premier accord, une première adhésion. Le YES.

ou les 7C : *Concevoir, Contact, Connaître, Comprendre, Convaincre, Conclure, Consolider.*

Mais bien plus encore : la PNL, l'argumentaire, le storytelling, SONCAS (Sécurité, Orgueil, Nouveauté, Confort, Argent, Sympathie), SIMAC (Situation, Idée, Mécanisme, Avantage, Conclusion), *Spin Selling,* méthode DISC[16]…

Quels sont les techniques de vos commerciaux ? En ont-ils une ? Si oui en ont-ils conscience ? Sont-ils au top sur cette dernière ? Ne veulent-ils pas en découvrir d'autres ? Est-elle la plus adaptée à vos produits ou services ?

Chez les Compagnons IT

Pas un Compagnon ne signe chez nous sans maîtriser la chaîne commerciale complète et une ou deux méthodes de vente.

A chaque anniversaire le client à un Merci, un livre dédicacé ou un cadeau personnalisé… en tous les cas une visite.

---

[16] Trop souvent sortie du chapeau d'un consultant comme LA SOLUTION… Mais en fait c'est juste la seule qu'il connaisse. Et faut bien rembourser sa formation.

Business development

Le GH explore aussi la croissance externe par rachat de fonds de commerce, de parts sociales, de joint-venture, d'association, de regroupement d'intérêts économiques, de sous-tratance, de partenariat...

Les possibles dans le *businness development* sont infinis. Tant que c'est une affaire d'Hommes et de confiance.

Beaucoup de start-up dans le monde se créent dans le seul but de se faire racheter par une multinationale qui souhaite acquérir rapidement des compétences techniques ou managériales. Par exemple, Amazon qui rachète Zappos, parce que c'est une entreprise libérée de 5 000 Personnes... Et pas seulement pour les chaussures.

En 2006, je décide de racheter une entreprise de téléphonie locale pour compléter notre gamme en système d'information. Mon ex-associé, mon ex-femme, mon ex-belle-famille, mon ex-avocat d'affaires, mon ex-expert-comptable... tous me disent NON. Pour les raisons suivantes : perte de crédibilité, bilans désastreux... Je décide quand même de l'acheter parce que j'avais décelé le problème. La première année...Je sors en résultat le prix de cession. CQFD.

Dans la foulée je rachète mes concurrents locaux en informatique tout en gardant les entités comme concurrentes les unes des autres. Je me retrouve avec les trois plus importantes SSII de l'Oise sur cinq... Mais aussi 2 millions d'euros de dette sur ma tête. Mais je n'investis jamais pour perdre. Alors je dors comme un bébé.

L'acquisition de 25% de part de marché sur l'Oise en deux achats n'as pas de prix. C'est rapide. Le ROI est fulgurant. Bien entendu cela demande, outre d'être un risqueur né, des capacités de conduite du changement au sein des équipes. Le management doit être très fin lors d'un rachat.

Alors ne négligeons plus le *business development* pour faire croître rapidement ses activités.

Les clubs business

Autre pré carré du chef d'entreprise... Même si d'autres que moi ont délégués à des collaborateurs.

L'année 2021, d'après COVID, aura été l'année de la création des Clubs. Dans un premier temps ne nous mentons pas... Pour fournir un bon salaire récurrent aux fondateurs.

En plus des vieux clubs, un très grand nombre d'autres se sont créés... plus ou moins de succès. Au début cela fonctionne bien. Les entrepreneurs en avaient marre des ZOOMS et autres Teams. Mais fin 2022, beaucoup de nouveaux clubs et même de section d'anciens ont fermé.

Je distingue trois sortes de clubs :

. Les clubs service pour aider les autres : Rotary, Kiwanis et le Lions.

. Les clubs business : les BNI militarisés, les clubs locaux du Medef et CPME...

Et les clubs qui ont ma préférence, que je vais appeler sociétaux : Réseau entreprendre pour accompagner des pairs, CJD pour apprendre son métier. C'est de loin celui qui m'as tout appris. Et si aujourd'hui, je consacre mon temps comme messager de la Terre en ne prenant que 15 minutes par semaine pour gérer 10 entreprises entre les US et la France, c'est bien grâce au CJD.

… Bref… vous pouvez y passer vos matinées et vos soirées… Prévoyez juste un bon avocat en divorce. 😊

Selon votre secteur d'activité ses clubs sont extrêmement convoyeurs de leads. Alors GO !

Programme d'affiliation

Un programme d'affiliation (d'annonceurs) propose à un affilié (éditeur) d'être rémunéré en échange de services commerciaux : affichage (CPM), clic (CPC), doubleclic, formulaire (CPL) ou vente (CPA, commission fixe ou au pourcentage) des produits ou services de l'affilieur.

C'est un accord par lequel une entreprise qui vend en ligne un produit, un outil ou un service accepte de payer à ses affiliés (un bloggeur, influenceur…) une commission pour toute vente de leurs produits ou services générée par son intermédiaire.

On estime le marché de l'affiliation en Europe à 7 milliards d'euros en 2021.

En tant qu'entreprise vous pouvez lancer votre propre programme ou le sous-traiter à des grandes plateformes qui existent. L'important est de les sélectionner par audience, activités et résultats : Tradedoubler, Awin, CJ Affiliate, Effiliation, système.io (français)…

Bien entendu il s'adresse à des activités bien précises et toutes vos entreprises ne peuvent y répondre. Par contre une entreprise peut aussi choisir d'être affilée.

Un exemple : vous proposez du service de jardinage pour les pros, affiliez-vous avec Gardena ou Bosch.

Au sein de mes entreprises d'informatique, à chaque blog sur la cybersécurité, je me suis affilié avec NOD 32 pour de la vente d'antivirus ou de solutions complexes.

Sur la Marque 'David Van Laecke', je suis affilié à Amazon pour la vente de livre sur le GH… Et que le mien.

Alors affiliés et/ou affiliateurs ?

Plateforme/ Market place

Les plates-formes existantes sont des sites Web, des applications ou des réseaux avec un grand nombre d'utilisateurs - parfois des centaines de millions - que vous pouvez potentiellement exploiter pour gagner du terrain.

Les principales plateformes incluent les App Stores Apple, Google et Android, les extensions de navigateur Mozilla et Chrome, les plateformes sociales comme Facebook, Twitter et Pinterest, ainsi que les nouvelles plateformes qui se développent rapidement (Tumblr, Snapchat, etc.).

Créer une application en lien avec votre service ou produit n'est plus si compliquée. Et réfléchissez à cette option, avant de dire que cela ne vous concerne pas… et qu'un concurrent est l'idée avant vous.

6 mois de formation à Seattle à la market place d'Amazon afin de comprendre toutes les subtilités et le fonctionnement logique de cette plateforme. C'est là que j'ai ma rencontre avec Sean Ellis, en guest star.

App Stores et Play Store de Google :

Avec un nombre d'utilisateurs de smartphones bien supérieur à un milliard et qui augmente chaque jour, nous avons assisté à une explosion d'applications atteignant des millions d'utilisateurs.

Modules complémentaires et extensions :

Les extensions de navigateur (dans Chrome, par exemple) et les modules complémentaires (dans Firefox) sont des applications que vous pouvez télécharger pour votre navigateur Web. L'extension de navigateur la plus populaire est Adblock Plus, qui bloque les publicités sur les principaux sites Web. D'autres extensions populaires vous aident à télécharger des vidéos YouTube, à enregistrer des signets sur plusieurs ordinateurs et à enregistrer vos mots de passe. Il y a une raison pour laquelle les modules complémentaires sont un moyen si populaire de stimuler la croissance. Les internautes visitent chaque jour des dizaines de sites différents. Un module complémentaire permet aux utilisateurs de tirer parti de votre produit sans revenir systématiquement sur votre site.

Autres plateformes :

Il existe des milliers d'autres grands sites et marchés que vous pouvez cibler pour obtenir des utilisateurs. Tout d'abord, déterminez où vos clients potentiels se retrouvent en ligne. Ensuite, créez une stratégie pour cibler les utilisateurs de ces plateformes existantes. Des sites comme Amazon, eBay, Cdiscount, FB Market, Bon coin… ont tous aidé les start-ups à gagner du terrain.

Conférence

Conférences, rôle sociétal, implication politique locale, association, syndicats, club de sport, enseignement, mécénat… Les occasions ne manquent pas de montrer vos valeurs et de vous faire connaître. C'est bon pour votre *branding*, la génération de leads, l'engagement…

Chaque conférence que je fais, auprès de décideurs, sur le GH me génère un taux de conversion client de 10%. Ce qui est énorme. Quand j'ai commencé, début 2021, je me suis rapidement aperçu que je serai débordé. J'ai donc formé mes clones à la méthode EAGLE® ; Cela n'a pas suffi nous avons donc lancé des programmes annuels complets afin de former des étudiants dans les écoles de Commerce et au CNAM. Et des programmes plus rapides auprès de la Growth Hacking Academy, que nous avons créée pour des entrepreneurs ou leurs équipes.

Notre rôle sociétal est très important. Il fait d'ailleurs partie prenante complète de la société à mission, de la loi Pacte. Notre engagement en tant qu'acteur de la société ne se limite pas au PNB et à la Valeur Ajoutée en euros que nous créons. Nous créons aussi du lien au sein de nos structures mais aussi en dehors.

Nos politiciens pour la plupart sont très éloignés du monde de l'entreprise. Ils sont pour la majorité issue de banc de fac et de grandes écoles. Là aussi, notre rôle est de les conseiller sur notre fonctionnement et nos contraintes. Soit par l'intermédiaire de nos syndicats, par notre militantisme politique ou par des mouvements tels que le CJD.

La redistribution d'une partie de nos richesses dans des dons, des œuvres artistiques, du mécénat, du club de Basket local… Fait partie autant de notre *branding* que de notre rôle sociétal.

Et elle est aussi une des bulles essentielles de la RX.

Les stratégies RH, finance, produits et services.

La RH est trop souvent limitative. Alors que les leviers sont importants : Intelligence collective, formation des collaborateurs, rémunération collective et individuelle, management libérée, promotion, développement personnel…

Trop souvent les chefs d'entreprises naviguent à vue. Pas de tableau de trésorerie, pas de compta analytique, on attend mai pour avoir les bilans, pas de tableau de bord, ni de prévisionnel ou de budget… La stratégie finance consiste à créer tout cela en partenariat avec les équipes comptables et son expert.

Les stratégies produits et services sont l'adaptabilité de ces derniers aux effets Waouh et pas l'inverse. Sinon, c'est l'assurance que vos ventes chuteront.

CONCLUSION

A chaque réunion d'idéation la RX doit être affichée afin de ne louper aucunes channels.

Aucune des bulles n'est plus importante que l'autre. A chaque test et expérimentation de chaque idée d'une bulle il faut mesurer l'impact. Et ensuite faire l'analyse.

Si c'est un échec : le content était-il le bon ? La forme adaptée ?...

Si c'est un succès : Comment le dupliquer ? Comment l'optimiser ? Comment l'enrichir encore plus ?

Ne pas oublier que nous ne sommes pas des Dieux. Lancer 3 stratégies en même temps sans en faire une à 120% c'est de la connerie. Ou alors, vous avez un très gros budget.

Voilà acquise pour vous la méthode EAGLE®.

En 10 semaines, vos équipes l'ont comprise. Appliquez là tous les jours pendant un an et elle deviendra une culture de la réussite.

LES OUTILS

1. La feuille de route

La mission et le plan de bataille doivent être formalisés. La feuille de route doit être connue de tous.

Pour des facilités d'esprit, j'utilise le **MIND MAPPING**. La cartographie mentale. Je pars d'un centre et je fonctionne comme mon cerveau par case.

C'est une méthode que j'utilise pour tout. Ecriture de mes livres, projets de reconversion des amis, stratégies, organisation de mes 5 ans de randos aux USA, leçons d'histoire et de philo de mes enfants…

Pour le GH, je fais figurer sur la *map*, l'intégralité de la mission et des actions, semaine après semaine, quasiment jour après jour.

J'utilise Mindjet Manager. Mais vous pouvez aussi prendre Mindmeister qui est gratuit ou un autre.

Voici l'exemple, non lisible, d'une stratégie d'entreprise 'Growth Hacking' que j'ai fait en 2017, aux USA. Elle était imprimée en A2 et visible par l'ensemble de l'usine.

Semestre après semestre un plan est élaboré et ceux pendant 5 ans.

Le vrai Growth Hacking; Copyright David Van laecke.

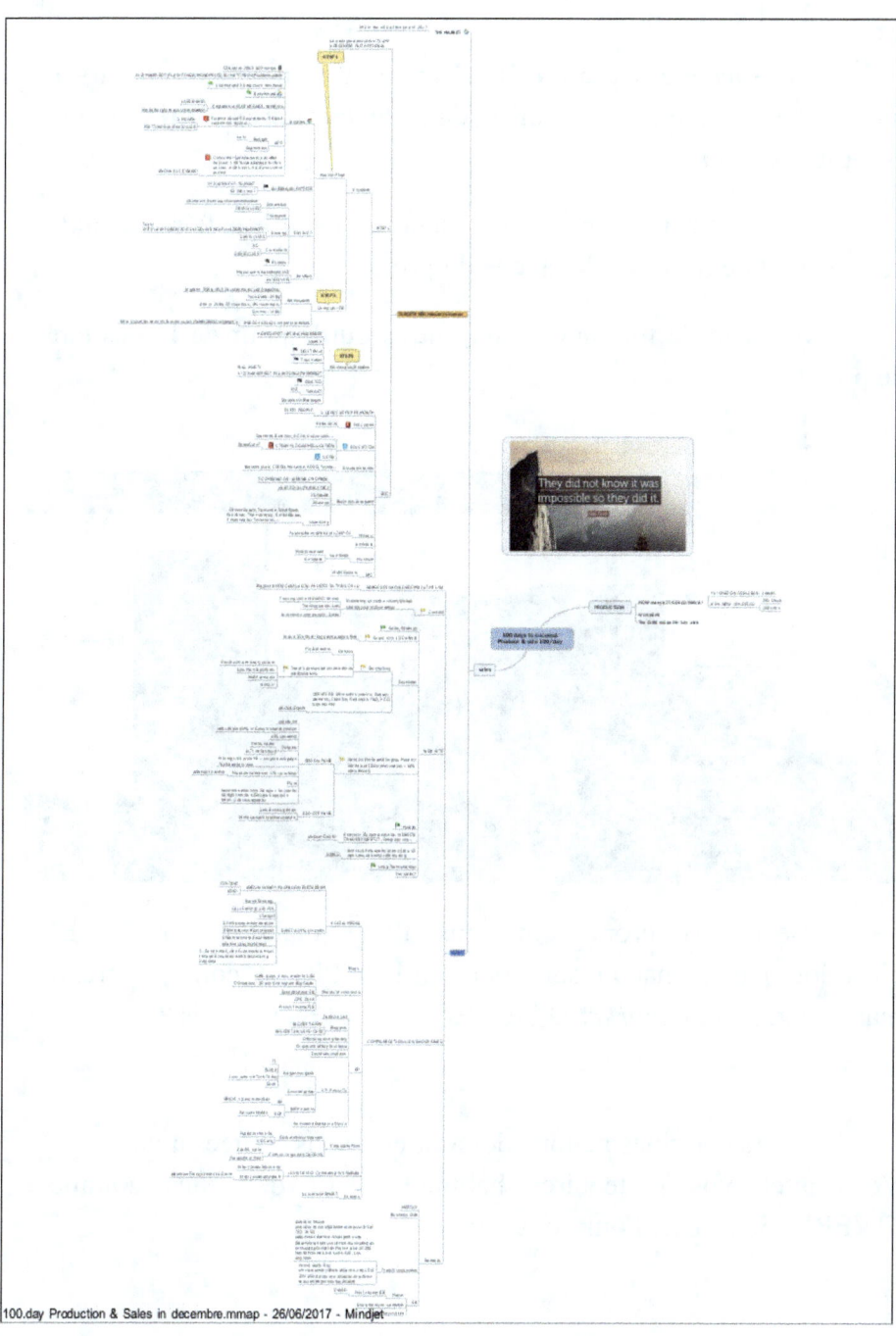

2. Le quotidien

Tous les jours, c'est **TRELLO** qui nous dicte nos devoirs à faire. Chaque action est remise dans le calendrier **Outlook** ou **Google Agenda**.

L'idée est ici que chacun sache ce qu'il a à faire, quand, comment et de mesurer l'avancée du projet.

Il existe de très nombreux autres outils pour de la gestion de projet.

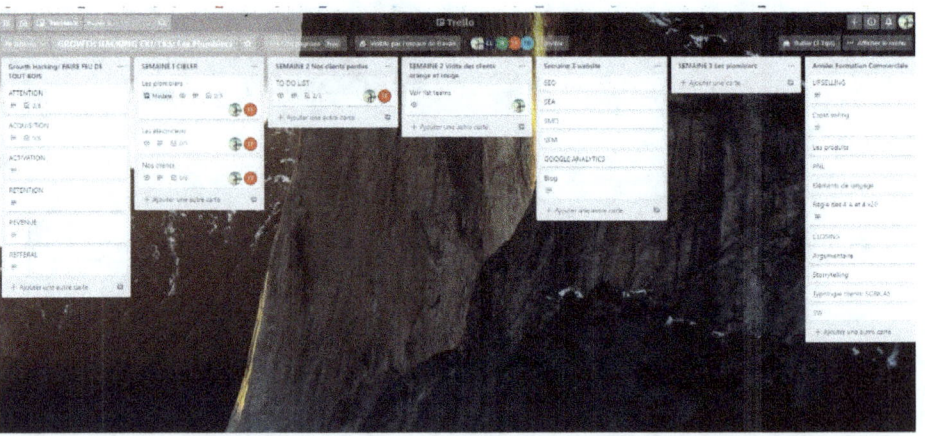

Beaucoup seront pour vous d'une totale obscurité... Et c'est logique à chacun son métier : Les PR, la com, le brand marketing, le *lean marketing*, le SEO... C'est du Chinois ?

Alors certaines actions devront être sous-traitées à des pros. Vous avez vos partenaires habituels... Et des sites comme FIVERR, 5 euros... Pour vous aider.

Des exemples de réussites pour illustrer.

Airbnb - À ses débuts, les salariés ont utilisé *Craigslist* ('Le bon coin' version US) pour contacter les personnes louant une chambre d'amis et leur ont demandé de faire de la publicité sur le site. Airbnb est passé de 50 000 annonces à 550 000 annonces... en deux mois.

Dropbox - En se concentrant presque exclusivement sur une stratégie : Celle d'offrir des mises à niveau gratuites en échange de parrainages clients, Dropbox est devenue l'une des plus grandes entreprises de stockage. Et ils ont utilisé un espace de stockage gratuit pour convaincre les clients de faire connaître le service.

Appsumo (site de vente de logiciels. Il permet aux sociétés d'obtenir rapidement de l'argent et des utilisateurs en leur faisant profiter d'offres logicielles à vie) a lancé une série de cadeaux sur les réseaux sociaux qui, en plus de dépenses publicitaires très ciblées, ont généré un grand nombre d'inscriptions à leur liste de diffusion.

Twitter - Informés par des informations rapides sur leur *data analyse*, les développeurs ont peaufiné le produit de diverses manières pour engager les clients initiaux, par exemple en les encourageant à suivre trente comptes lors de leur inscription.

GoPro a bâti toute son entreprise sur la base de la créativité. Plus précisément, il sollicite du contenu généré par les utilisateurs pour créer de la viralité et encourager le bouche à oreille. De plus, il crée des cadeaux comme le défi d'un million de dollars récemment lancé.

Google

S'il est vrai que Google n'est pas la plate-forme de médias sociaux la plus populaire, j'applaudis sa stratégie. Au lieu d'ouvrir les portes, Google n'a offert des comptes qu'à quelques privilégiés. En d'autres termes, c'était uniquement sur invitation. Et les gens se bousculaient pour les invitations.

L'exclusivité est un excellent hack de croissance lorsque vous ne pouvez pas accueillir des tonnes de clients lors de votre lancement, ou si vous souhaitez augmenter l'intérêt pour un nouveau produit ou service. Les gens ont tendance à vouloir quelque chose qui n'est disponible qu'en quantités ou en places limitées. Confère : IPhone, pénurie de pattes en pandémie….

Astuces

1. Trouvez les plateformes de réseaux sociaux que vos concurrents n'utilisent pas. Vaut mieux être seul dans plusieurs villages qu'au milieu de mille concurrents dans une mégapole.

2. Établissez un partenariat avec une autre entreprise pour partager des audiences. Si vous avez un public de 50 000 membres et qu'un autre entrepreneur dans un domaine connexe a un public de 50 000 membres, vous pouvez travailler ensemble pour toucher 100 000 personnes.

3. Donnez quelque chose gratuitement. Une des raisons pour lesquelles les gens achètent chez Costco. Ce n'est pas pour le paquet de 52 rouleaux de PQ. C'est pour les collations gratuites.

4. Invitez votre public à vous envoyer un e-mail. Je l'ai fait plusieurs fois et avec beaucoup de succès. Faisant fi de la sagesse conventionnelle du marketing par e-mail, j'invite parfois toute ma liste d'abonnés aux e-mails à m'envoyer des questions, des commentaires ou des réponses à une question que j'ai posée. Les adresses e-mail « DoNotReply » bloquent la communication. Ils envoient un mauvais message : *'Je ne veux pas entendre parler de vous.'* En ouvrant les voies de communication, vous pouvez démarrer des conversations et glaner des informations fascinantes auprès de votre public.

5. Assistez à de petits événements locaux. Aucune voie potentielle n'est à exclure qui pourrait nous conduire vers un objectif. Si vous avez de petits événements liés à une niche dans votre région envisagez d'y assister. La presse nationale recherche ses inspirations dans la PQR.

Rencontrez des personnes en face à face, leur serrer la main et leur poser des questions sur leurs besoins peut faire de vous une solution plus attractive qu'une entreprise sans visage. On ne dit pas bonjour à un logo.

6. Soyez interactif. J'ai déjà mentionné que le contenu interactif est devenu à la mode. Des infographies et des quizzs, aux jeux et aux vidéos animés, les gens adorent interagir avec le contenu en ligne. Pourquoi ne créez-vous pas une partie de ce contenu pour vous-même ? Fiverr est une communauté mondiale qui nous propose à des tarifs incroyables des contenus.

7. Lancez un défi. Un excellent moyen de créer une relation positive avec vos clients et de renforcer votre crédibilité est de lancer un défi. Cela peut être lié à un objectif de croissance personnelle, à une cause caritative ou à un effort créatif. De même, inspirez les gens à contribuer à une cause caritative peut aider l'organisme de bienfaisance tout en amplifiant votre voix. S'impliquer dans quelque chose qui vous tient à cœur attirera naturellement les autres vers vous.

8. Diffusez votre personnalité. Exemple de ma chaîne Youtube ou des articles de presse. 10 ans à parler de mon entreprise…et rien. 2 mois à parler de moi et j'ai 3 000 interactions sur un article. Si vous avez une personnalité intéressante pour le public, utilisez-la à votre avantage. Devenez le visage de votre marque, inspirez et aidez les autres. Le Growth Hacking implique souvent de déterminer ce que vous pouvez faire pour les autres avant de demander une conversion prospect ou une vente.

9. Offrez une option freemium. Offrez quelque chose gratuitement. Cela ne fera peut-être pas grand-chose, mais cela amènera les gens à franchir la porte. Une fois qu'ils verront qu'ils peuvent bénéficier de votre produit, ils en

voudront plus. Certaines personnes ne se convertiront jamais en utilisateurs payants, mais vous souhaitez vous concentrer sur le processus d'intégration. Il est plus facile de fidéliser les clients que de les acquérir. C'est pourquoi le modèle freemium fonctionne si bien. Vous avez déjà des prospects en ligne. Il vous suffit de les convaincre qu'ils veulent la version payante de votre produit.

> « *La véritable école du Commandement est la culture générale.* », **De Gaulle**.

Recrutement d'une équipe

"*Un growth hacker est une personne qui croit en son étoile polaire comme source de grandeur »,* Sean Ellis.

Gardons à l'esprit que les spécialistes du marketing traditionnels font souvent de mauvais growth hackers. Leur réflexion et leur approche sont généralement fondamentalement différentes. C'est la différence que l'on retrouve entre des dinosaures Généraux d'Etats-Majors et une équipe de commandos autonomes.

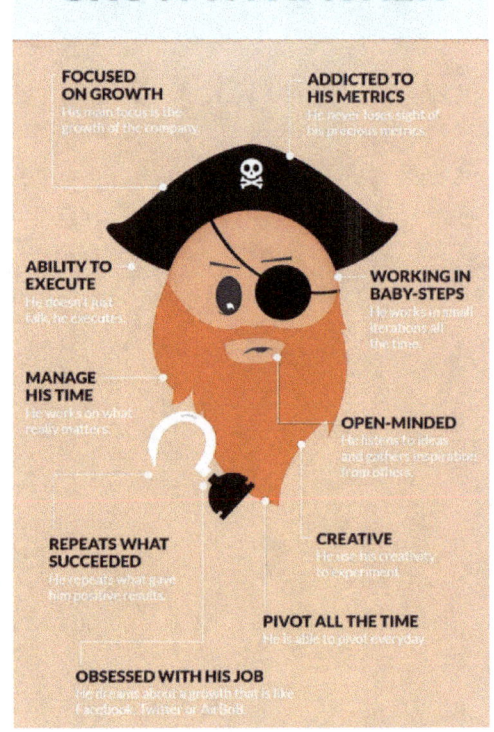

Premièrement, les growth-hackers ont tendance à avoir un « ensemble de compétences en forme de T » qui leur permet de travailler au sein d'une petite équipe tout en maîtrisant une gamme de canaux marketing.

Deuxièmement, l'élan est beaucoup plus axé sur la créativité - sur la mise en œuvre de principes marketing éprouvés de manière nouvelle et innovante pour stimuler l'adoption des produits.

Un diplômé en marketing peut préparer quelqu'un à mener des campagnes promotionnelles à un niveau élevé. Cependant, il leur apprend rarement à spammer 'Le Bon Coin'. Et parfois, c'est exactement ce dont vous avez besoin.

Le 06 juillet 2021, Sean Ellis a organisé une formation sur le thème des *Skills* pour Growth hacking. Voilà ce qui en est ressorti :

1. Compétence en retention axé produit/marché.
2. Connaissance des clients qualitatifs
3. Connaissance en création d'expérience et analyse produit
4. Savoir trouver et reproduire les opportunités d'Acquisition

Voilà ce que pense Rodolphe, notre expert en recrutement de Growth hacker.

Recruter son équipe de GH : quelles compétences à évaluer ?, par Rodolphe CHAPON

Peut-on être Growth Hackers sans être passionné par ce que l'on fait ? C'est très peu probable car le Growth Hacking en plus d'être une méthode redoutablement efficace pour qui sait l'employé est avant tout un état d'esprit et donc une personnalité avec les traits comportementaux qui vont avec.

Les soft Skills indispensables au GH :

La curiosité intellectuelle et la passion du hack. Le GH doit être curieux de tout. Il a une soif d'apprendre débordante. Existant quelques formations de qualité à ce jour, le GH se forme aussi sur le terrain. C'est un autodidacte. Un passionné du domaine connaîtra forcément quelques anecdotes d'entreprises qui se sont développées en hackant leur croissance. Lancer le sujet est un bon moyen d'évaluer la passion du métier tout en débutant l'entretien sur des sujet plus légers.

La créativité. On pourrait parler d'imagination sans limite. Mais l'idée ici c'est d'être surtout capable de penser « out of the box ». Lors de l'entretien, mettez vos candidats en situation et demandez-leur de proposer des solutions pour résoudre un problème concret. L'idée n'est pas ici de trouver une solution en 5 minutes mais d'accéder à la manière de raisonner de la personne que vous avez face à vous. La proposition paraît décalée ? C'est peut-être bon signe. Creusez.

Le désir d'action et l'orientation résultat. Le GH teste et reteste en permanence. L'expérimentation est l'essence même de son travail. Il est donc important d'embaucher un candidat qui osera tester des façons de faire différentes. Proposez une mise en situation concrète et laisser le choix au candidat d'agir ou non.

Le sens de l'analyse. Tenter et refaire n'est efficace que si l'on prend le temps d'analyser le résultat de ses actions car comme le disait Einstein « La folie, c'est de faire toujours la même chose et de s'attendre à un résultat différent ». Le GH doit donc être expert en analyse de données et s'appuyer sur l'analyse de métriques décisionnelles ou « KPI ».

Un côté anti-conformiste. Un trait de personnalité relativement indispensable dans la mesure ou le GH doit partir du principe que tout doit être remis en question. Etant donné que seul l'atteinte des objectifs de croissance compte, le GH doit parfois transgresser certaines règles établies. Dans tous les cas, il doit être à l'aise avec cette idée.

L'esprit d'équipe. Dans le growth hacking, travailler en équipe est INDISPENSABLE ; C'est grâce à l'intelligence collective que la croissance rapide pourra voir le jour. La charge de travail est telle qu'elle ne peut être assumée par une seule personne. Le GH doit alors connaître ses limites et s'appuyer sur les forces de son équipe.

Bien sûr en entretien, ces compétences « transverses » sont détectables. Toutefois, nous vous conseillons fortement de vous faire accompagner par une évaluation fine de la personnalité comme avec le questionnaire everything DISC. Il vous permettra de garantir d'autant plus votre évaluation.

« I-Shaped », « T-Shaped » ou profil généraliste ? Quel profil doit avoir le GH ?

Les articles sur le sujet inondent le web et on ne pouvait parler de GH sans évoquer le sujet tant il existe pléthore d'études à l'appui.

Pour faire simple, le profil généraliste a des connaissances dans divers domaines mais n'est pas reconnu comme expert dans un domaine spécifique. Le profil « I-Shaped » est à l'inverse du premier un spécialiste. Il dispose de connaissances profondes dans un univers bien précis.

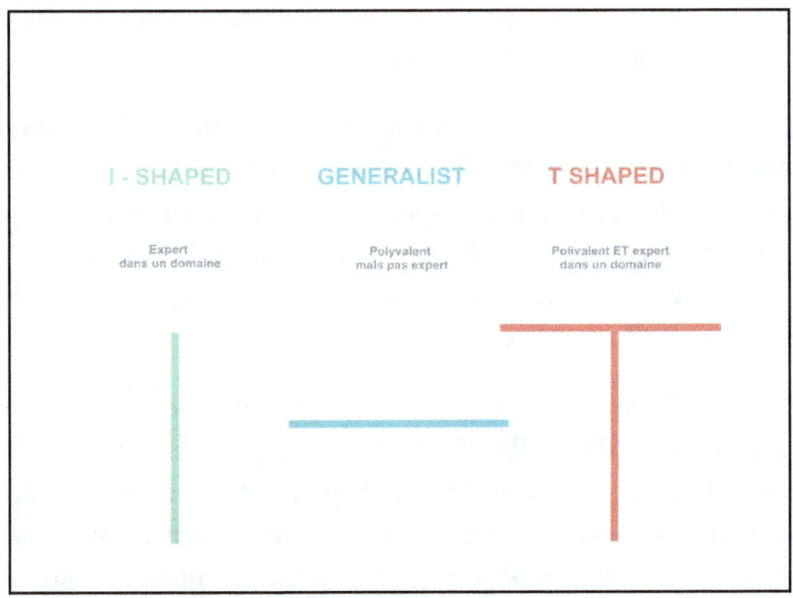

Le « T-Shaped » profil est ni plus, ni moins que la combinaison des deux profils précédents (le schéma ci-dessus illustre très bien cela). Il est un expert généraliste. Cela signifie qu'il a des compétences spécifiques dans certains domaines mais qu'il sait également comment sa discipline de prédilection peut interagir avec d'autres disciplines car c'est finalement cela la force du Growth Hacker.

Au-delà de concept largement étudié qu'est le « T-shaped » profil, il est donc important de préciser qu'il existe une multitude de combinaisons possible de connaissances et d'expertises que pourrait posséder un GH compétent. Ce qui nous amène à dresser une liste non exhausive de Hard Skills que pourrait éventuellement posséder le GH. Pour certain, avoir dans ses équipe un GH 360° relève de l'exploit tant il s'agit d'un profil qui devrait maîtriser un nombre conséquent d'outils, de connaissances ou encore de disciplines. Si vous n'êtes pas convaincu, la liste de Hard skills ci-dessous (non exhaustive) devrait finir par vous convaincre...

En parcourant les sites, les revues mais aussi les blogs spécialisés sur la question du Growth Hacking, certains comparent le GH au développeur FullStack. Recruté un réel Full-Stack qui sera opérant autant sur le front-end que sur le back-end est possible mais bien plus compliqué que de découper le profil en 2 ultra experts et de les faire travailler intelligemment ensemble. Ainsi, on retrouvera le GH doué pour coder, tracker et analyser la data travaillant avec celui ayant de très bonnes connaissances des différents canaux d'acquisition par exemple.

Les Hard Skills à combiner :

Des compétences en référencement

Des connaissances accrues sur les réseaux sociaux et leur utilisation

La programmation informatique dans le but de mettre en place des «hacks »

De solides connaissances sur l'environnement informatique et les tendances du Web

Des compétences avancées en « Copywriting »

Des connaissances et utilisation des outils d'analyse du

trafic

Connaissance des techniques de marketing, de com, de commerce, de finance…

Evaluer les candidats est une chose, encore faut-il les trouver ?

Pour chasser des GH, on peut hacker le recrutement en lui-même ! Plus sérieusement, il existe une multitude de canaux.

Sourcer ces profils sur linkedin. Vous pourrez les repérer si vous travaillez rigoureusement vos mots-clés en amont. Pensez aux compétences (copy writing, cleaning de base, cold mailing, HTML, integration…) et aux outils utilisés (zapier, intercom, autopilot, mailchimp, wordpress…)

Avec 1800 résultats en France sur Linkedin, que vous recherchiez un Freelance ou à recruter un collaborateur, vous trouverez forcément le professionnel dont vous avez besoin. Encore faut-il savoir chercher.

Vous pouvez aussi les approcher via Github

Ou encore parcourir les blogs sur le growth hacking (growthhacking.fr ; hackerdecroissance.com …)

Les conférences sur le sujet et les évènements en ligne.

Prendre le temps de rédiger une offre d'emploi attrayante en parallèle est une piste à ne pas négliger.

Finalement au regard de ces quelques propositions, hacker le recrutement semble réellement être une piste.

Et si vous pensez que recruter votre propre GH est trop chronophage, vous auriez raison. Vous pouvez aussi vous faire accompagner par Immersiv'RH, cabinet de recrutement par approche directe spécialisé en sourcing et évaluation de profils techniques.

Voilà Merci Rodolphe pour cet article.

Pour chacune des bulles vous trouverez des Hommes plus ou moins bien formés ou déformés. Les échecs de recrutement seront nombreux. Accrochez-vous ! La méthode est infaillible. Alors posez-vous les bonnes questions !

Quant au capitaine de l'équipe des Hackers. Ils sont extrêmement peu nombreux à maîtriser 20% de chacune des bulles de la RX, c'est-à-dire 80% des possibilités.

Mots de la fin

Allez-y ! Osez !

Créez la meilleure équipe !

Encouragez l'idéation !

Débloquez de nouvelles chaînes ! Eloignez-vous des bases acquises et historiques, voir culturelles.

Aller en profondeur ! Rechercher de nouvelles données pour analyser et approfondir les études.

Montez les enjeux ! N'ayez pas peur de rêver plus grand.

Comprenez que chaque réalité est différente. Ce qui a fonctionné avec la société X ne fonctionnera pas nécessairement avec vous et vice versa.

La mise en œuvre du Growth Hacking ne se fera pas du jour au lendemain. Commencez par des expériences petites et augmentez au fil du temps, à mesure que vous gagnez en expérience et en compétence.

Concentrez-vous sur des mesures spécifiques, avec des objectifs simples et, à mesure que vous réussissez, fixez-vous des objectifs plus ambitieux.

Et si vous voulez un spécialiste pour mettre en place en profondeur votre stratégie et vos actions, alors laissez-moi par SMS, le mot 'GROWTH HACKING' au: 06.95.64.94.99

J'étudierai avec vous la meilleure proposition, comme déjà fait auprès d'une centaine d'entreprises en France et aux USA.

Pour aller plus loin… et donc plus haut.

'*Hacking Growth*', de Sean Ellis & Morgan Brown. La référence. La bible. En anglais.

'*The Paper Plane Plan: Growth hacking techniques especially for the B2B service industry*' de Ross Davies. Sur le GH appliqué aux industriels et au BTB.

Le livre '*Marketing 4.0*', de Philip Kotler, Hermawan Kartajaya et Iwan Setiawan, souligne l'importance de toujours prêter attention aux changements dans le monde numérique et à leur impact sur le marketing. Idem pour le GH car ces changements fourniront de nouvelles formes d'expérimentation et de nouvelles données à analyser.

Jay Conrad Levinson, dans son livre «*Guerrilla Marketing*», présente un moyen de créer plus d'impact dans le marketing à moindre coût. Il suggère que les médias numériques sont essentiels dans la promotion de la marque et du produit, en utilisant des outils tels que l'e-mail marketing.

Russell Brunson, «*Dotcom Secrets*», montre l'importance d'avoir un public cible et de faire son marketing en se basant sur le Persona.

Lean Analytics, de Alistair Croll et Benjamin Yoskovitz. Quelles données choisir ? Le livre ne traite pas de l'utilisation d'outils de GH ou d'outils d'analyse mais de ce qu'il faut faire avec les données dont vous disposez.

Traction, de Gabriel Weinberg. La traction a toujours été obtenue par l'intermédiaire de l'un des 19 "canaux de traction" ou par vos propres canaux d'acquisition. Ce livre est une des bibles utilisées par les Growth Hackers.

Je n'ai pas mis de livres en français parce qu'ils sont tous réducteurs. Voir même ils ont créé des syncrétismes du GH. Certains n'ont jamais lu Sean Ellis mais prétendent écrire des livres sur le GH.

Par contre je fais un aparté pour aller encore plus loin dans nos missions d'accompagnateur en GH.

Deux exemples : Janus et WASSATI

Janus, dirigé par Michel Meunier, ancien président national du CJD… entre autres. Janus est une 'société à mission'. Il est allé encore plus loin en étant accompagné en GH & en RSE en même temps, dans le cadre de la loi Pacte et de sa raison d'être.

Wassati, dirigé par Henry Peyret, est une start-up qui travaille sur le GH de demain.

Nous avons connu pendant les 30 glorieuses le marketing de produits. La consommation à outrance.

Avec les 30 piteuses le marketing de comparaison. Apple vs Microsoft. Coca vs Pepsi…

Demain c'est le marketing de valeur qui va prévaloir.

Baby boomers : « *Quel produit vous ME proposer ?* »

Génération X *; « Comment l'avez-vous fabriqué ?* »

Génération Y *: « Pourquoi exister vous comme entreprise ? Votre raison d'être ?* »

Génération Z (50% de la population en 2021) : « *Qui êtes-vous ? Quelles valeurs incarnez-vous et défendez-vous ?* »

Son excellent livre : «*Nouvelle conscience, Nouvel Homme, Nouvelle(s) société(s)* », édition Kawa.

Du même auteur

'**L'enfant du dehors**', Tome I, La tragédie, éditions La p'tite Hélène, 312 pages.

'**L'enfant du dehors**', Tome II, L'Amor fati, éditions La p'tite Hélène, 340 pages.

Roman biographique et philosophique.

En cours en 2022

'Les 63 National Parks US, 5 000 randos en 5 ans'. L'histoire de notre aventure.

Un ouvrage pour faire connaître le philosophe américain : 'Notre retour à la nature sauvage, avec Henri David Thoreau'

www.ingramcontent.com/pod-product-compliance
Lightning Source LLC
Chambersburg PA
CBHW070640220526

45466CB00001B/241